Weiterführend empfehlen wir in der gleichen Reihe:

Wir freuen uns über Ihr Interesse an diesem Buch. Gerne stellen wir Ihnen zusätzliche Informationen zu diesem Programmsegment zur Verfügung.

Bitte sprechen Sie uns an:

E-Mail: walhalla@walhalla.de
http://www.walhalla.de

Walhalla Fachverlag · Haus an der Eisernen Brücke · 93042 Regensburg
Telefon (09 41) 56 84-0 · Telefax (09 41) 56 84-1 11

Günter Mayer

Soll ich mein Haus übertragen?

Vor- und Nachteile kennen – jetzt handeln!

Bibliografische Information Der Deutschen Bibliothek
Die Deutsche Bibliothek verzeichnet diese Publikation in der Deutschen Nationalbibliografie;
detaillierte bibliografische Daten sind im Internet über http://dnb.ddb.de abrufbar.

Zitiervorschlag:
Günter Mayer, Soll ich mein Haus übertragen?
Walhalla Fachverlag, Regensburg, Berlin 2003

Hinweis: Unsere Werke sind stets bemüht, Sie nach bestem Wissen zu informieren.
Die vorliegende Ausgabe beruht auf dem Stand von Februar 2003. Verbindliche Auskünfte
holen Sie gegebenenfalls bei Ihrem Steuerberater oder Rechtsanwalt ein.

Nutzen Sie das Inhaltsmenü:
Die Schnellübersicht führt Sie zu Ihrem Thema.
Die Kapitelüberschriften führen Sie zur Lösung.

Schnellübersicht

Risiken ausschließen!

Es gibt kaum eine wichtigere Entscheidung, die im dritten Lebensabschnitt vorgenommen werden muss, als die Frage, ob ein Haus bereits zu Lebzeiten auf Kinder, Enkelkinder oder andere Verwandte übertragen werden soll. Dieser Schritt sollte nicht weniger überlegt geschehen als damals die Berufswahl oder die Eheschließung. Oft genug werden ältere Leute mit guten oder weniger guten Argumenten zu einer vorzeitigen Übertragung gedrängt. Nicht selten wird es auch an einer guten, objektiven Beratung fehlen und wenn man dann erst beim Notar sitzt, sind die Konditionen meist schon abgesprochen und festgelegt.

Eine so weit tragende Entscheidung bedarf reiflicher Überlegung. Hierbei will dieses Buch eine Hilfe sein. Wegen der Schwierigkeit der Materie kann es aber keinesfalls eine individuelle Beratung ersetzen, wenn der Entschluss zur Übertragung erst einmal gefasst ist. Es kann allerdings Entscheidungshilfen geben, ob die Übertragung überhaupt erwogen werden soll und woran gegebenenfalls zu denken ist. Auch kann mit seiner Hilfe u. U. ein Übertragungsverlangen, das unberechtigt auf Steuervorteile gestützt wird, argumentativ abgewehrt werden.

Es war leider nicht zu vermeiden, eine Reihe von Fachausdrücken zu verwenden, deren Bedeutung Notar und Banken natürlich genau kennen, die aber nur sehr schwer einem juristischen Laien zu erklären sind. Um mit dem Notar oder mit der Bank die Konditionen für die Übertragung abzusprechen, genügt es, diese Fachausdrücke als solche zu kennen, ohne dass ihr Inhalt ausführlich erklärt werden müsste. Andererseits sollten Leser, welche Wert auf eine genaue Erklärung dieser Fachausdrücke legen, auch eine Antwort finden. Gleiches gilt für die Erklärung selten vorkommender Rechtsverhältnisse oder schwieriger steuerlicher Berechnungen, welche in der Regel vom Finanzamt oder einem Steuerberater vorgenommen werden.

Günter Mayer

Abkürzungen

BFH	Bundesfinanzhof
BGB	Bürgerliches Gesetzbuch
BGH	Bundesgerichtshof
BGHZ	Amtliche Sammlung der Entscheidungen des Bundesgerichtshofs in Zivilsachen
BSHG	Bundessozialhilfegesetz
BVerfG	Bundesverfassungsgericht
d. h.	das heißt
EGZVG	Einführungsgesetz zum Zwangsversteigerungsgesetz
ErbStG	Erbschaftsteuer- und Schenkungsteuergesetz
EU	Europäische Union
f.	folgende
ff.	fortfolgende
GBO	Grundbuchordnung
OLG	Oberlandesgericht
qm	Quadratmeter
u. a.	und andere
u. U.	unter Umständen
z. B.	zum Beispiel

www.walhalla.de

Soll ich mein Eigentum zu Lebzeiten übertragen?

1

Was jeder wissen sollte

Zunächst einmal – für die alten Tage gibt es keine bessere Absicherung als im eigenen Haus zu wohnen. Es ist daher grundsätzlich richtig, diese „egoistische" Einsicht allen Vorteilen vorzuziehen, welche eine solche Übertragung für den Übernehmer haben könnte. Wer sich mit der Frage befasst, schon zu Lebzeiten ein Grundstück oder ein Haus auf Kinder, Enkelkinder oder sonstige Personen zu übertragen, muss zunächst einmal Klarheit darüber gewinnen, ob er sich von dem Objekt vollständig trennen möchte oder ob er noch über einen „Vorbehalt" mit ihm verbunden bleiben will:

- Handelt es sich um das Haus, in welchem der Übergeber selbst möglichst lange wohnen will?

- Oder handelt es sich um ein Grundstück (z. B. Bauplatz), welches für die eigene Altersvorsorge keine Rolle spielt?

Möglichkeiten und Risiken

Auch wenn kein unmittelbares Interesse der eigenen Altersvorsorge an dem zu übertragenden Grundstück (Bauplatz, zweites Haus) besteht, bedarf die Entscheidung trotzdem einiger Überlegungen:

- Ist die Übertragung unter steuerlichen Gesichtspunkten vorteilhaft? (Beachten Sie hierzu die Ausführungen ab Seite 46)

- Welche Auswirkungen auf die künftige Erbfolge hat diese Übertragung, wenn der Übergeber noch weitere gleichberechtigte Kinder oder Enkel hat? Bedarf es einer Regelung, welche über die eigentliche Übertragung hinausgeht? (Beachten Sie hierzu die Ausführungen ab Seite 49)

- Soll eine Sicherung für den Fall erfolgen, dass der Übernehmer vor dem Übergeber stirbt und das übertragene Grundstück dann auf Personen übergeht, die es nicht bekommen sollten? (Beachten Sie hierzu die Ausführungen ab Seite 92)

- Welche Folgen hat dies für den Beschenkten, wenn der Übergeber in ein Alters- oder Pflegeheim gehen muss und sowohl seine Einkünfte als auch das ersparte Geld nicht ausreichen, um die Heimkosten zu bezahlen, sodass Sozialhilfe in Anspruch genommen werden muss? (Beachten Sie hierzu die Ausführungen ab Seite 55)

- Und schließlich – man mag es bedauern, aber es ist nun einmal so: Die Großmutter, die noch etwas zu vererben hat, ist meist angesehener als jene, die alles schon zu Lebzeiten übertragen hat.

Will aber der Übergeber im übertragenen Haus weiter wohnen, muss die Entscheidung besonders eingehend überlegt werden. Auf keinen Fall darf man sich drängen lassen; auch nicht mit dem (nicht ganz unbegründeten) Argument, dass die Erbschaftsteuer immer weiter erhöht werden könnte und dann später hohe Steuerzahlungen fällig würden. Insbesondere muss bedacht werden:

- Stimmt es überhaupt, dass im Todesfall anderenfalls eine höhere Erbschaftsteuer anfallen würde? (Beachten Sie hierzu die Ausführungen ab Seite 29)

- Wenn ja, ist mein Interesse an einem ungestörten Lebensabend im eigenen Haus nicht höher zu bewerten als die mögliche Steuerlast, welche auf meine Erben zukommt?

- Gibt es außer der Steuer weitere Gründe, welche für eine Übertragung sprechen und wenn ja, kann eventuell eine für mich bessere Lösung gefunden werden, welche dem künftigen Übernehmer ausreichende Sicherheit bietet? (Beachten Sie hierzu die Ausführungen ab Seite 64)

Wenn doch die Übertragung erfolgen soll:

- Welcher „Vorbehalt" soll verbleiben und wie erfolgt dessen Absicherung? (Beachten Sie hierzu die Ausführungen ab Seite 66)

- Was ist bezüglich der Erbfolge zu beachten, besonders wenn noch gleichberechtigte Kinder oder Enkelkinder vorhanden sind? (Beachten Sie hierzu die Ausführungen ab Seite 49)

- Was geschieht, wenn der Übernehmer das Haus finanziell nicht halten kann? (Beachten Sie hierzu die Ausführungen ab Seite 78).

- Was geschieht, wenn der Übernehmer vor dem Übergeber stirbt? (Beachten Sie hierzu die Ausführungen ab Seite 92)

- Was geschieht, wenn der Übergeber ins Alters- oder Pflegeheim muss und seine Altersbezüge samt Pflegeversicherung und erspartem Geld nicht ausreichen und das Sozialamt dann einen Zuschuss leisten muss? (Beachten Sie hierzu die Ausführungen ab Seite 55)

- Kann dann evtl., wenn alles aufgebraucht werden muss, der eigentlich beabsichtigte Ausgleich zugunsten der anderen Kinder oder Enkelkinder mit Geld oder Vermögenswerten nicht mehr vorgenommen werden, sodass ungewollt schließlich eines der Kinder bevorzugt wurde?

- Kann für einen solchen Fall bereits bei der Schenkung Vorsorge getroffen werden?

Wichtige Begriffe

Beschenkter/ Übernehmer	derjenige, der neuer Eigentümer werden soll.
Erblasser	verstorbene Person, um deren Erbe es jetzt geht.
Erbvertrag	notarieller Vertrag, in welchem zwei oder mehrere Personen ihren Nachlass regeln.

EU-Bürger	Bürger eines der Mitgliedsstaaten der Europäischen Union.
Gemischte Schenkung	Verkauf zu einem Preis, der weit unter dem Wert liegt.
Gesetzlicher Güterstand	Güterstand, in welchem alle verheirateten Personen leben, die keinen notariellen Gütervertrag abgeschlossen haben (so genannte Zugewinngemeinschaft).
Gleichgeschlechtliche Lebenspartnerschaft	Frauen mit Frauen sowie Männer mit Männern, die in einer staatlich registrierten Partnerschaft leben.
Grundpfandrecht	Sammelbegriff für Hypotheken, Grundschulden, Rentenschulden.
Grundschuld	ähnlich einer Hypothek, ermöglicht eine flexiblere Handhabung als diese.
Gütergemeinschaft	wird durch notariellen Ehevertrag begründet und ersetzt den gesetzlichen Güterstand der Zugewinngemeinschaft.
Gütertrennung	wird ebenfalls durch notariellen Ehevertrag begründet und ersetzt den gesetzlichen Güterstand der Zugewinngemeinschaft.
Lebensgefährte	Volkstümlicher Ausdruck für einen Mann oder eine Frau, wenn das Paar wie Eheleute zusammenlebt, ohne verheiratet zu sein, also in einer nichtehelichen Lebensgemeinschaft lebt.
Lebenspartner	Leben in einer eingetragenen gleichgeschlechtlichen Lebenspartnerschaft.

Soll ich mein Eigentum zu Lebzeiten übertragen?

Nichteheliche Kinder	früher „uneheliche Kinder" genannt.
Rechtspfleger	Beamter des gehobenen Justizdienstes, der ehemals richterliche Tätigkeiten ausübt.
Schenker/ Übergeber	bisheriger Eigentümer des Grundstücks, das übertragen werden soll.

Was ich vor der Entscheidung wissen muss

2

Die Grundzüge des Erbrechts

Jeder, der über 18 Jahre alt ist[1], kann jederzeit ein Testament errichten. Wie man das macht, soll hier nicht erklärt werden, da es hierfür genug gute Bücher gibt. Wichtig ist aber zu wissen, wie die Erbfolge aussieht, wenn kein Testament errichtet wurde. Man spricht dann von der „gesetzlichen Erbfolge" und nennt diese Erben „gesetzliche Erben".

Bei allen künftigen Beispielen ist zu beachten, dass nur der Anteil des Verstorbenen am Grundstück vererbt wird. Der Anteil, den der überlebende Miteigentümer bereits hatte, bleibt ihm natürlich daneben erhalten.

Achtung: Selbstverständlich kann ein Ehegatte nichts mehr erben, wenn die Ehe geschieden ist. Aber sein Erbrecht endet auch schon dann, wenn die Voraussetzungen für eine Scheidung der Ehe zum Zeitpunkt des Todes vorgelegen haben und der Verstorbene vor seinem Tod bereits die Scheidung beantragt oder ihr zugestimmt hatte (§ 1933 BGB).

Gesetzliche Erbfolge

Bitte prüfen Sie jetzt, wie Sie beerbt werden, wenn kein Testament vorhanden ist!

Wer

- noch verheiratet ist (oder in einer eingetragenen gleichgeschlechtlichen Partnerschaft lebt)

- keinen Ehevertrag/Partnerschaftsvertrag (beim Notar) geschlossen hat, also im gesetzlichen Güterstand lebt, und

- Abkömmlinge (also Kinder oder Enkelkinder) hat,

wird wie folgt beerbt:

---

[1] Personen über 16 Jahre können auch schon ein Testament errichten, aber nur beim Notar (§§ 2229, 2247 Abs. 4 BGB).

Der Ehegatte/Partner erbt die Hälfte des Nachlasses; die Abkömmlinge erben „nach Kindsstämmen" die andere Hälfte, unter sich zu gleichen Teilen.

„Abkömmlinge" sind zunächst die noch lebenden Kinder. Deren Kinder (also die Enkelkinder) erben nichts. Kinder vorverstorbener Kinder (also Enkelkinder) erben den Anteil ihrer Eltern, unter sich zu gleichen Teilen. Der Ehegatte/Partner des vorverstorbenen Kindes, also der Schwiegersohn oder die Schwiegertochter, erben nichts. Nichteheliche Kinder, die nicht vor dem 1.7.1949 geboren wurden, erben jetzt auch nach dem Vater; nach der Mutter erbten sie schon immer. Lebensgefährten einer nichtehelichen Lebensgemeinschaft können nicht gesetzliche Erben werden (§§ 1924, 1931, 1371 BGB).

Leben die Eheleute nicht im gesetzlichen Güterstand, weil sie beim Notar Gütertrennung oder Gütergemeinschaft vereinbart haben, gelten andere Erbregeln. Da diese Güterstände nicht allzu oft vorkommen, werden diese Erbregeln auf Seite 115f. erklärt.

Beispiel:

Die Eheleute Fritz und Klara Lustig – im gesetzlichen Güterstand lebend – hatten drei Kinder: Anton, Bruno und Clementine. Anton hat keine Kinder, Bruno hat zwei Kinder; Clementine ist bereits verstorben. Sie hatte zwei Kinder; ihr Witwer lebt noch.

Erbfolge nach dem Tod des Ehemannes Fritz Lustig:

- Ehefrau Lustig (Witwe) erbt die Hälfte.

- Anton erbt ein Drittel der anderen Hälfte, also $\frac{1}{6}$.

- Bruno erbt ebenfalls $\frac{1}{6}$, seine Kinder erben nichts.

- Die Kinder der Clementine erben zusammen das Sechstel, das sonst die Mutter geerbt hätte, also jedes Kind $\frac{1}{12}$. Der Witwer der Clementine erbt nichts.

Wenn Fritz und Klara Lustig bisher Miteigentümer je zur Hälfte waren, dann gehört das Grundstück jetzt also der Witwe zu $3/4$, Anton und Bruno zu je $1/12$ und den Kindern der Clementine zu je $1/24$.

Beim nachstehenden Schaubild und bei den folgenden Bildern wird der Name der Person, um deren Erbschaft es geht (Erblasser), fett gedruckt. Bereits vorverstorbene Personen werden mit einem Kreuz (†) bezeichnet.

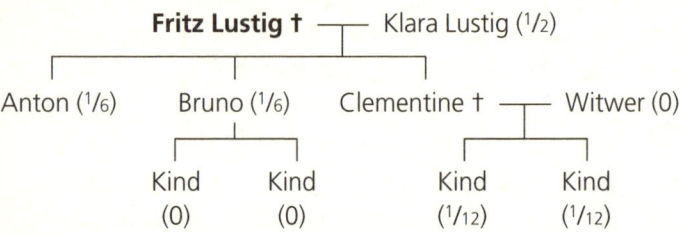

Alternative:

Der Ehemann Lustig hatte ein nichteheliches Kind, das 1950 geboren wurde. Das nichteheliche Kind erbt mit. Also:

- Die Witwe behält ihren Hälfteanteil.

- Das nichteheliche Kind erbt $1/8$ des Nachlasses.

- Die beiden ehelichen Kinder Anton und Bruno erhalten ebenfalls nur $1/8$ und die beiden Kinder der Clementine erben je $1/16$.

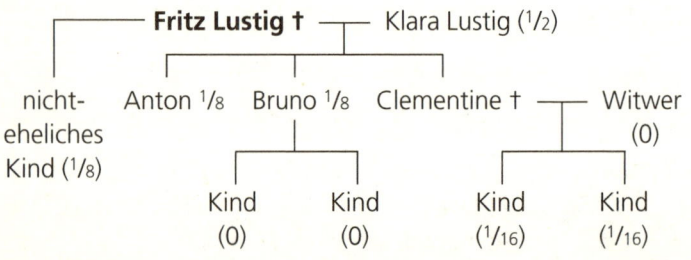

Wer

- noch verheiratet ist oder in eingetragener Partnerschaft lebt,

- keinen Ehevertrag/Partnerschaftsvertrag geschlossen hat,

- keine noch lebenden Abkömmlinge hat und

- dessen Eltern nicht mehr leben,

wird wie folgt beerbt:

Der Ehegatte/Partner erbt drei Viertel des Nachlasses, die Geschwister des Verstorbenen (also Schwager bzw. Schwägerin) oder – soweit diese bereits verstorben sind – deren Kinder erben nach Stämmen das verbleibende Viertel (§§ 1931, 1925, 1371 BGB). Will man dies nicht, muss ein Testament errichtet werden.

Beispiel:

Thomas und Susanne sind verheiratet und leben im gesetzlichen Güterstand. Kinder haben sie nicht, aber sie haben ein erhebliches Vermögen während der Ehe erworben. Thomas stirbt bei einem Verkehrsunfall.

Susanne erbt drei Viertel des Nachlasses. Die Eltern von Thomas erben je ein Achtel. Leben sie nicht mehr, erben die Geschwister von Thomas oder deren Kinder zusammen ein Viertel.

Auch wenn jetzt Susanne Eigentümerin des Hauses zu $7/8$ ist, weil ihr bisher schon die Hälfte gehört hat, können die Eltern/Geschwister von Thomas das Haus gegen den Willen von Susanne versteigern lassen!

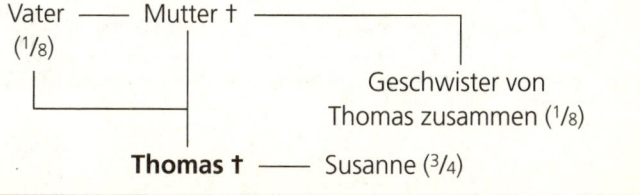

Was ich vor der Entscheidung wissen muss

Wer

- nicht (oder nicht mehr) verheiratet ist (ledig, verwitwet, geschieden) und

- auch nicht in einer eingetragenen Partnerschaft lebt und

- Abkömmlinge hat,

wird von diesen Abkömmlingen nach Stämmen beerbt. Auch hierbei treten die Enkelkinder an die Stelle nicht mehr lebender Kinder und auch hier können die Ehepartner (Schwiegersohn, Schwiegertochter) vorverstorbener Kinder nichts erben (§ 1924 BGB).

Beispiel:

Im Beispiel auf Seite 18 stirbt nun auch Klara Lustig. Ihr Sohn Anton ist inzwischen auch schon verstorben. Er war kinderlos verheiratet. Seine Witwe lebt noch.

Anton hatte keine Abkömmlinge, die an seine Stelle treten könnten. Seine Witwe erbt nichts. Das nichteheliche Kind des Ehemannes kann von dessen Witwe nichts erben. Also verbleiben nur noch Bruno, der $1/2$ erbt (und dessen Kinder wieder nichts erben) und die Kinder von Clementine, von welchen jedes $1/4$ erbt.

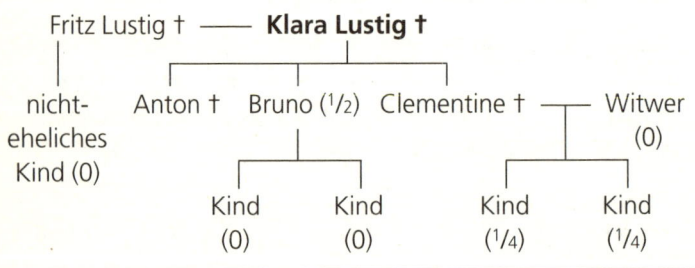

Wer

- nicht oder nicht mehr verheiratet ist (auch nicht in eingetragener Partnerschaft lebt),

- keine noch lebenden Abkömmlinge hat und

- dessen Eltern nicht mehr leben,

wird von seinen Geschwistern oder deren Kindern (Neffen/Nichten) beerbt. Sind auch keine Geschwister oder Neffen/Nichten vorhanden, muss auf die Geschwister der Eltern oder deren Abkömmlinge (Vetter/Base oder deren Kinder) zurückgegriffen werden. Jetzt kommen Personen als Erben in Betracht, die der Verstorbene vielleicht schon nicht mehr gekannt hat (§§ 1925, 1926, 1930 BGB). Deshalb sollte in diesem Fall unbedingt ein Testament errichtet werden!

Beispiel:

Antonia Lieblich war kinderlos verheiratet und ist jetzt Witwe. Sie war das einzige Kind ihrer Eltern. Ihre Eltern leben schon lange nicht mehr. Ihr Vater hatte zwei Brüder, Heinrich und Otto, ihre Mutter zwei Schwestern, Ida und Johanna; auch diese sind bereits verstorben. Heinrich hatte drei Kinder, die noch alle leben. Otto hatte einen Sohn, der verstorben ist und zwei noch lebende Kinder hat. Ida hatte keine Kinder, Johanna eine Tochter, die noch lebt.

Antonia Lieblich wird jetzt, wenn sie kein Testament hinterlassen hat, beerbt von

- den drei Kindern des Heinrich zu je $1/12$,

- den Enkeln von Otto zu je $1/8$,

- der Tochter der Johanna zur Hälfte.

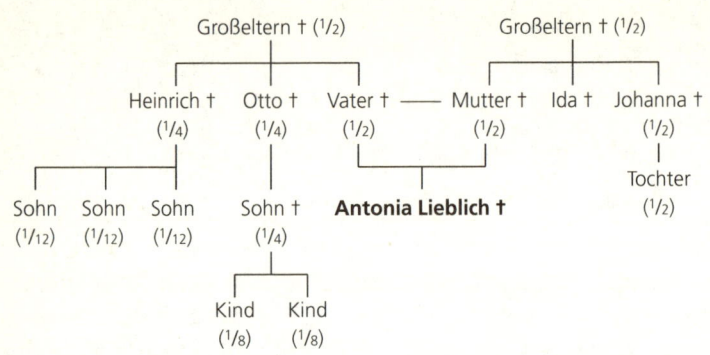

Warum so ungleich? Rechnerisch fällt der Nachlass auf die Groß-eltern väterlicherseits und mütterlicherseits je zur Hälfte (siehe Klammer in vorstehendem Bild). Jeder Großelternteil vererbt nur seinem Stamm; also fällt eine Hälfte auf Heinrich und Otto oder deren Abkömmlinge, eine Hälfte auf Ida und Johanna oder deren Abkömmlinge. Somit teilen sich auf der einen Seite fünf Personen die Hälfte, während die Tochter der Johanna die zweite Hälfte allein bekommt. Wer das nicht will, sollte unbedingt ein Testament machen. Noch unübersichtlicher wäre die Erbfolge, wenn Eltern oder einer der Großeltern mehrfach verheiratet gewesen wären und aus verschiedenen Ehen Kinder hinterlassen hätten.

Was ist ein „Pflichtteil"?

Ein Pflichtteil kommt eigentlich nur in Betracht, wenn bestimmte Personen, welche nach den oben aufgestellten Regeln „gesetzliche Erben" geworden wären, infolge eines Testamentes nicht zur gesetzlichen Erbfolge gelangen. Nicht alle gesetzlichen Erben sind auch pflichtteilsberechtigt. Es sind dies nur:

- Abkömmlinge, welche ohne Testament Erben geworden wären; die Enkelkinder also nur, wenn die Kinder nicht mehr leben.

■ Der Ehegatte oder Partner, natürlich nur, wenn die Ehe oder Partnerschaft noch besteht.

■ Die Eltern, aber nicht die Geschwister, wenn keine Abkömmlinge vorhanden sind (§ 2303 BGB).

Beispiele:

■ Die Witwe Klara Fröhlich hat drei Kinder, Karl, Ludwig und Maria. Ludwig ist vorverstorben und hinterlässt ein nichteheliches Kind (Mutter: seine Lebensgefährtin Rita). Karl und Maria leben noch. Beide haben zwei Kinder. Die Mutter hat in ihrem Testament die Kirchengemeinde St. Bonifatius als Alleinerbin eingesetzt.

Ohne das Testament wären gesetzliche Erben die beiden noch lebenden Kinder Karl und Maria sowie das nichteheliche Kind von Ludwig gewesen – und zwar zu je $1/3$. Sie sind jetzt also pflichtteilsberechtigt. Die Enkelkinder (Kinder von Karl und Maria) und Rita hätten auch ohne Testament nichts geerbt und können somit auch nicht pflichtteilsberechtigt sein.

■ Die Eheleute Karl und Sophia haben (nur) ein Kind, nämlich Theo. Karl hat in seinem Testament seinen Sohn Theo als Alleinerben eingesetzt und seine Witwe Sophia enterbt, weil sie ihm das Rauchen verboten hatte.

Ohne das Testament wären Sophia und Theo Erben je zur Hälfte gewesen. Also ist Sophia jetzt pflichtteilsberechtigt.

■ Aloisius Rasant war ledig und kinderlos, als er bei einem Verkehrsunfall ums Leben kam. In seinem Testament hat er seine Lebensgefährtin Ursula zur Alleinerbin eingesetzt. Sein Vater lebt noch, seine Mutter ist bereits verstorben. Er hat noch zwei Brüder.

Ohne das Testament hätte Ursula nichts geerbt. Erben wären der Vater zu $1/2$ und die beiden Brüder zu je $1/4$ geworden.

> Sein Vater ist pflichtteilsberechtigt, nicht aber die beiden Brüder, obwohl sie gesetzliche Erben geworden wären. Denn nicht alle gesetzlichen Erben sind auch pflichtteilsberechtigt, wenn sie im Testament übergangen werden.

Wichtig: Der Pflichtteil besteht in der Hälfte des gesetzlichen Erbteils.

In den vorgenannten Beispielen hätten also die nachgenannten Personen einen Anspruch auf einen Pflichtteil in folgender Höhe:

- Karl, Maria und Ludwig in Höhe von je $1/6$ des Nachlasses,

- Sophia in Höhe von $1/4$ des Nachlasses,

- Aloisius' Vater Rasant ebenfalls in Höhe von $1/4$ des Nachlasses.

Wenn also im Beispiel auf Seite 18 Fritz Lustig seine Ehefrau durch Testament als Alleinerbin eingesetzt hätte, wären bei seinem Tod pflichtteilsberechtigt gewesen:

- Anton mit $1/16$ des Nachlasses,

- Bruno mit einem $1/16$ des Nachlasses,

- das nichteheliche Kind mit einem $1/16$ des Nachlasses,

- die Kinder der Clementine mit je $1/32$ des Nachlasses.

Praxis-Tipp:

Inzwischen haben auch nichteheliche Kinder gegenüber ihrem Vater ein Pflichtteilsrecht, wenn sie nicht vor dem 1. 7. 1949 geboren sind und nicht nach früherem Recht „abgefunden" wurden.

Der Pflichtteilsanspruch geht nur auf Geldzahlung, nicht auf Sachwerte, also insbesondere nicht auf Anteile am Grundbesitz. Der gesamte Nachlass muss also geschätzt werden und der Berechtigte erhält einen entsprechenden Geldbetrag. Diese Regelung ist in der Praxis von äußerster Wichtigkeit, spielt aber für hier zu beachtende Fragen keine Rolle.

Ausgleichsanspruch der Pflichtteilsberechtigten

Es gibt – sehr schwierige – rechtliche Regeln (§§ 2325 ff. BGB), welche sicherstellen sollen, dass das Pflichtteilsrecht nicht durch eine Schenkung zu Lebzeiten umgangen werden kann. Und in diesem Fall sind die Pflichtteilsregeln auch dann zu beachten, wenn kein Testament vorhanden ist! Ohne auf die Besonderheiten einzugehen, die sich je nach Sachlage ergeben können, gelten folgende Grundsätze:

- Für die Berechnung des Pflichtteils wird unterstellt, das verschenkte Grundstück befände sich noch im Nachlass. Für die Berechnung wird der Wert des Grundstücks am Tag der Schenkung und am Tag des Todes des Schenkers verglichen und der geringere Wert eingesetzt.

- Der Pflichtteilsberechtigte – auch wenn er gesetzlicher Erbe geworden ist, weil kein Testament vorhanden war – muss wenigstens so viel bekommen, wie er ohne die Schenkung als Pflichtteil erhalten hätte (§ 2326 BGB).

- An sich muss zunächst der Erbe die Ergänzung bezahlen. Da aber bei gesetzlicher Erbfolge meist alle Erben gleichermaßen pflichtteilsberechtigt sein werden, wird der Beschenkte zur Kasse gebeten.

- Diese Ergänzungspflicht tritt nicht mehr ein, wenn seit der Schenkung bis zum Tod des Schenkers zehn Jahre vergangen sind (§ 2325 Abs. 3 BGB). Bei Grundbesitz beginnt diese Frist frühestens mit der Eintragung der Schenkung im Grundbuch, jedoch bei einer Schenkung an Ehegatten erst mit der Auflösung der Ehe. Die Frist beginnt nicht, wenn der Schenker sich dergestalt die Nutzungen vorbehalten hat, dass er die Schenkung „nicht spürt". Ganz besonders kann dies der Fall sein, wenn er sich einen Nießbrauch vorbehalten hat (Beachten Sie hierzu die Ausführungen auf Seite 66 ff.). In diesem Fall wird angenommen, dass die Frist nicht zu laufen beginnt. Das kann sehr nachteilige Folgen für den Beschenkten haben, wenn der Schenker Sozialhilfe (Heimunterbringung!) in Anspruch nehmen muss (Beachten Sie hierzu die Ausführungen auf Seite 57).

Beispiele:

Der Vater (Witwer) schenkt seinem Sohn Fritz einen Bauplatz im Wert von damals 100 000 EUR; seine Tochter Luise erhält nichts. Drei Jahre später stirbt der Vater und hinterlässt noch ein Haus im Wert von 120 000 EUR. Es sind keine weiteren Kinder vorhanden, auch kein Testament. Der Bauplatz wäre heute 150 000 EUR wert.

Jetzt muss wie folgt gerechnet werden:

Jedes der beiden Kinder hätte $\frac{1}{2}$ geerbt. Der Pflichtteil der Luise wäre also $\frac{1}{4}$. Sie muss also mindestens so viel erhalten, wie dieser Pflichtteil betragen hätte, wenn der Vater das Grundstück nicht verschenkt hätte. Hierbei wird aber dessen Wert nur mit dem damaligen Wert von 100 000 EUR angerechnet, da dieser Wert geringer ist als jener zum Zeitpunkt des Erbfalles. Somit:

Rechnerischer Gesamtwert:

Haus	120 000 EUR
Bauplatz	100 000 EUR, zusammen also 220 000 EUR
hiervon $\frac{1}{4}$ wären	55 000 EUR

Luise hat aber $\frac{1}{2}$ des Hauses, somit einen Wert von 60 000 EUR geerbt und kann daher von Fritz keine Pflichtteilsergänzung verlangen.

Alternative:

Der Vater hatte kein Haus, sondern nur ein Sparkonto von 60 000 EUR.

Rechnerischer Gesamtwert:
Sparkonto   60 000 EUR
Bauplatz   100 000 EUR, zusammen also 160 000 EUR
Hiervon $1/4$ wären   40 000 EUR

Luise hat nur die Hälfte des Sparkontos, somit 30 000 EUR geerbt. Jetzt muss ihr Fritz darüber hinaus noch 10 000 EUR auszahlen, darf aber den Bauplatz behalten.

Alternative:

Der Vater stirbt erst zwölf Jahre, nachdem er den Fritz beschenkt hat. Jetzt muss sich Luise mit den 30 000 EUR (Hälfte des Sparkontos) begnügen.

Diese Regelung gilt auch, wenn Personen beschenkt werden, die nicht zu den gesetzlichen Erben gehören.

Beispiel:

Der Witwer Gerhard schenkt seiner Lebensgefährtin sein Haus im Werte von 200 000 EUR und stirbt alsbald, ohne ein Testament zu hinterlassen. Sein einziges Kind, Gerda, ist bereits verstorben; sie hatte ein nichteheliches Kind. Der Nachlass besteht noch in einem Sparguthaben von 20 000 EUR.

Das nichteheliche Kind der Gerda ist Alleinerbe. Die Lebensgefährtin erbt nichts. Das Kind wäre also auch pflichtteilsberechtigt; der Pflichtteil würde sich auf $1/2$ des Nachlasses belaufen. Das nichteheliche Kind muss also wenigstens so viel bekommen, wie dieser Pflichtteil ohne die Schenkung betragen hätte.

Also: Erbschaft = 20 000 EUR; dazu das Haus = 200 000 EUR; ergibt 220 000 EUR. Sein Pflichtteil, hiervon $1/2$, wäre also 110 000 EUR gewesen. Geerbt hat das nichteheliche Kind aber nur 20 000 EUR. Also muss ihm die Lebensgefährtin 90 000 EUR auszahlen. Das Haus aber darf sie behalten; hierauf hat der Erbe keinen Anspruch.

In diesem Zahlenbeispiel bleibt die erhebliche Schenkungsteuer unberücksichtigt, welche eventuell von der Lebensgefährtin zu zahlen war.

Gemischte Schenkung

Auch wenn das Haus zu einem Preis unterhalb des Verkehrswertes verkauft wird, gilt dies teilweise als Schenkung (so genannte „gemischte Schenkung"). Die Differenz zwischen Verkaufspreis und Verkehrswert (wenn sie nicht unerheblich ist) gilt dann als „geschenkt". Das Schenkungsteuerrecht behandelt dies anders als das bürgerliche Recht. Siehe dazu Seite 39.

Beispiel:

Klara ist Witwe und hat nur ein Kind, Thomas. Der einzige Nachlass ist ein Bauplatz im Wert von 200 000 EUR, den sie auf Drängen des Pfarrers der Kirchenstiftung Heilig-Kreuz für 50 000 EUR verkauft. Kurz darauf stirbt sie. Thomas ist Alleinerbe. Sein Pflichtteil wäre somit $1/2$. Er findet vom Kaufpreis nur noch 30 000 EUR im Nachlass vor. Der Wert der Schenkung ist der Verkehrswert abzüglich Kaufpreis, also 200 000 EUR abzüglich 50 000 EUR = 150 000 EUR. Erbe (30 000 EUR) und Schenkung (150 000 EUR) ergeben 180 000 EUR, somit einen Pflichtteil von $1/2$ = 90 000 EUR. Geerbt hat Thomas nur 30 000 EUR; also hat er einen Ergänzungsanspruch gegen die Kirchengemeinde auf 60 000 EUR.

Achtung: Auch soziale und kirchliche Institutionen müssen eine Schenkung ausgleichen, wenn der Pflichtteil eines Berechtigten durch die Schenkung beeinträchtigt wurde (Beachten Sie hierzu die Ausführungen auf Seite 27). Dies gilt auch dann, wenn sie von der Zahlung einer Schenkungsteuer befreit sind.

Auch bei der gemischten Schenkung gilt der Grundsatz, dass der Ergänzungsanspruch nur besteht, wenn die Verkäuferin innerhalb von zehn Jahren stirbt. Hat die Kirchengemeinde das Grundstück sofort nach Kauf und Grundbucheintrag in Besitz genommen und bebaut (Klara also „gespürt", dass das Grundstück weggegeben ist) und lebt sie noch länger als zehn Jahre, dann muss die Kirchengemeinde an Thomas nichts mehr zahlen.

Grundstück ist belastet

Bei der Berechnung werden die Lasten abgezogen, wenn das Grundstück noch belastet ist. Wenn also ein Beschenkter ein Grundstück im Wert von 150 000 EUR erhält und noch eine Hypothek von 50 000 EUR zur Rückzahlung übernehmen muss, beträgt der ausgleichspflichtige Wert der Schenkung nur 100 000 EUR. Auch Gleichstellungszahlungen, die der Beschenkte an andere Personen leisten musste, werden abgezogen. Ebenso abgezogen wird der Wert eines Vorbehaltes, also z. B. eines Nießbrauchs, eines Wohnungsrechtes oder eines Altenteils. Die Methode, wie man einen solchen Wert berechnet, wird auf Seite 119 beschrieben. Hierbei ist jedoch zu beachten, dass die hier in Betracht kommenden bürgerlich-rechtlichen Berechnungen von den steuerrechtlichen Berechnungen abweichen können.

Die Grundzüge des Steuerrechts

Schenkungsteuer

Auch für eine Schenkung kann eine Steuer anfallen. Da die Grundsätze für die Schenkungsteuer und die Erbschaftsteuer identisch sind, bei der Erbschaftsteuer aber einige Freibeträge anfallen, welche für die Schenkungsteuer nicht gelten, kann man ganz allgemein davon ausgehen, dass eine Schenkung höher besteuert würde als eine Erbschaft zum gleichen Zeitpunkt.

Praxis-Tipp:

Eine Schenkung wird ebenso – eher höher – besteuert wie eine Erbschaft. Durch eine Schenkung kann man also gegenüber der späteren Erbschaft meist nur unter einer der folgenden Voraussetzungen Steuern sparen:

- Das Steuerrecht ändert sich; d. h. es werden höhere Steuern, niedrigere Freibeträge oder andere Bewertungsregeln für Grundbesitz eingeführt.

- Das Grundstück, das verschenkt werden soll, wird bis zum Tod des Eigentümers wesentlich wertvoller, was insbesondere durch eine allgemeine Mieterhöhung verursacht werden könnte.

- Der Schenker lebt nach der Schenkung noch länger als zehn Jahre und der Beschenkte kann seinen Freibetrag für die Erbschaft nochmals verwenden.

Das Gesetz, welches die Steuerfragen regelt (ErbStG) und die dazugehörigen Richtlinien sind derart kompliziert, dass es sich fast immer lohnt, einen Steuerberater aufzusuchen, wenn ausschließlich aus Gründen der Steuerersparnis Grundbesitz schenkungsweise übertragen werden soll. Die nachstehenden, sehr vereinfachten Grundsätze sollen dem juristischen Laien nur eine ganz grobe Vorprüfung ermöglichen, ob für seine Immobilie unter Berücksichtigung der künftigen Erbfolge überhaupt Erbschaftsteuer anfallen würde. Damit soll er in die Lage versetzt werden, einen grundlos auf Steuerfragen gestützten Übertragungswunsch als unberechtigt zu erkennen und abzuwehren.

Die Frage, ob Schenkungsteuer (oder Erbschaftsteuer) anfällt und wie hoch diese ist, richtet sich nach

- dem Familienstand zwischen Eigentümer und Beschenktem (Erben),

- Freibeträgen und

- dem Wert der Immobilie.

Selbstverständlich fällt auch Schenkungsteuer bzw. Erbschaftsteuer für bewegliches Vermögen an, also z. B. für Geld, Wertpapiere, Wertgegenstände. Der Ausrichtung dieses Buches entsprechend wird hierauf nicht besonders eingegangen; insbesondere werden die hierfür vorgesehenen Freibeträge nicht erörtert.

Die Schenkungsteuer wird im Normalfall vom Beschenkten übernommen, gegen ihn vom Finanzamt festgesetzt und von ihm bezahlt. Erklärt der Schenker in der Übertragungsurkunde, dass er die Steuer übernehmen will, erfolgt die Festsetzung gegen ihn.

Wichtig: Grundsätzlich haften Schenker und Beschenkter für die Steuer. Wenn also vereinbart wurde, dass der Beschenkte die Steuer zu bezahlen hat, kann der Schenker dennoch in Anspruch genommen werden, wenn die Steuer beim Beschenkten nicht zu holen ist. Außerdem: Zahlt der Schenker die Schenkungsteuer, dann gilt auch diese Steuer als „geschenkt" und wird auf den Wert der Schenkung aufgeschlagen.

Familienstand

Das Gesetz unterscheidet für die Berechnung der Steuer folgende Familienstände:

- Steuerklasse I: Ehegatten, Kinder, auch nichteheliche Kinder und „Stiefkinder", Enkelkinder, Urenkel sowie – aber nur bei Erbschaft, nicht bei Schenkung – Eltern und Großeltern.

- Steuerklasse II: Eltern und Großeltern (bei Schenkung), Geschwister, Neffen und Nichten, geschiedene Ehegatten, Schwiegereltern, Schwiegerkinder, Stiefeltern.

- Steuerklasse III: Alle anderen, also insbesondere Lebensgefährten, eingetragene Lebenspartner, Verlobte sowie Schwager und Schwägerinnen.

Freibetrag

„Freibetrag" im Steuerrecht bedeutet, dass nur Beträge zu versteuern sind, welche über diesen Betrag hinausgehen. (Das Gegenteil hierzu sind „Freigrenzen" wie bei der Grunderwerbsteuer. Dort muss der Gesamtbetrag versteuert werden, wenn er die Grenze übersteigt).

Für Schenkung- und Erbschaftsteuer gelten folgende Freibeträge:

- Ehegatte: 307 000 EUR
- jedes Kind: 205 000 EUR
- Enkelkind: 205 000 EUR, wenn es (siehe Seite 17) an die Stelle des vorverstorbenen Kindes (also seines Vaters/seiner Mutter) tritt.
- Enkelkind: 51 200 EUR, wenn das Kind (also sein Vater/seine Mutter) noch lebt.
- Urenkel: 51 200 EUR
- Eltern/Großeltern: 51 200 EUR; nur bei Erbschaft, nicht bei Schenkung.
- alle aus Steuerklasse II: 10 300 EUR
- alle aus Steuerklasse III: 5 200 EUR

Besonders für Ehegatten und jüngere Kinder gibt es im Erbfall weitere Freibeträge, die hier nicht erörtert werden sollen.

Wichtig: Der Freibetrag kann bei der Schenkung alle zehn Jahre nochmals ausgenutzt werden. Wenn also der Schenker die Schenkung um zehn Jahre überlebt, kann der Beschenkte nochmals in Höhe des Freibetrages beschenkt werden oder erben. Anderenfalls werden Schenkung und Erbschaft zusammengerechnet und müssen versteuert werden, wenn und soweit hierdurch der Freibetrag überschritten wird.

Praxis-Tipp:

Wenn also der Wert der Immobilie zusammen mit dem übrigen anteiligen Vermögen den vorgenannten Freibetrag nicht übersteigt, ist anzunehmen, dass der zu Beschenkende auch später im Erbfall keine Steuer zahlen müsste.

Beispiel:

Eine verwitwete Frau hat nur noch ein Enkelkind, keine sonstigen Angehörigen mehr. Sie hat ein Haus im Steuerwert von 150 000 EUR und Aktien im Wert von 50 000 EUR. Das Enkelkind hätte gerne das Haus geschenkt und behauptet, dass es so Steuern sparen würde.

Dies stimmt nicht: Das Enkelkind hat, da seine Eltern nicht mehr leben, einen Freibetrag von 205 000 EUR. Somit fällt weder Schenkungsteuer noch Erbschaftsteuer an, auch dann nicht, wenn die Großmutter innerhalb der nächsten zehn Jahre stirbt – vorausgesetzt, der Wert des Nachlasses ändert sich nicht.

Alternative:

Das Haus hat einen Steuerwert von 200 000 EUR. Die Schenkung ist schenkungsteuerfrei. Stirbt aber die Großmutter innerhalb von zehn Jahren nach der Schenkung und erbt das Enkelkind jetzt auch noch die Aktien, muss es aus einem Teil des Wertes Erbschaftsteuer bezahlen, da es nur noch einen restlichen unverbrauchten Freibetrag von 5 000 EUR hat.

Bewertung der Immobilie

Es ist kaum möglich, bei jeder Erbschaft oder Schenkung das Grundstück (Haus) schätzen zu lassen. Schon immer hat man versucht, die Wertberechnung zu pauschalisieren. Früher auf der Basis des steuerlichen Einheitswertes, später dann nach der unten dargestellten Formel. Da aber auch diese Berechnung meist hinter dem tatsächlichen Wert zurückbleibt, wird dies als verfassungswidrig angesehen. Auch der BFH ist dieser Auffassung. Mit einer Änderung muss daher gerechnet werden. Ob sich dies auch rückwirkend auf bereits erlassene Steuerbescheide auswirken kann, soweit diese als „vorläufig" bezeichnet wurden, ist umstritten.

Unbebautes Grundstück

Während es relativ einfach ist, den Steuerwert eines Hauses zu berechnen (siehe Seite 36), benötigt man für die Wertberechnung eines unbebauten Grundstücks, insbesondere also eines Bauplatzes, den so genannten „Bodenrichtwert vom 1.1.1996". Dieser Richtwert gilt noch bis zum 31.12.2006, dann wird es neue Richtwerte geben. Bei Grundstücken, welche derzeit noch nicht bebaut werden dürfen, wird es allgemein nicht schwierig sein, diesen Bodenrichtwert zu erfahren. Es ist zweckmäßig, zuerst beim Finanzamt zu fragen, ob dort der Bodenrichtwert für das zu verschenkende Grundstück bekannt ist. Anderenfalls erfährt man Bodenrichtwerte – das ist regional verschieden – entweder von der Geschäftsstelle des Gutachterausschusses bei der Stadt- oder Kreisverwaltung oder beim Katasteramt.

Darf das Grundstück bereits bebaut werden (Bauplatz), ist die Sache schwieriger, denn jetzt benötigt man den „korrigierten Bodenrichtwert vom 1.1.1996". Es ist möglich, dass das Finanzamt oder die vorgenannten Stellen auch den korrigierten Richtwert kennen. Ist dies nicht der Fall, muss man beim Katasteramt bzw. der Geschäftsstelle des Gutachterausschusses folgende drei Informationen einholen:

- den nichtkorrigierten Bodenrichtwert des zu verschenkenden Grundstücks,

- die Geschossflächenzahl des zu verschenkenden Grundstücks und

- die Geschossflächenzahl des Richtwert-Grundstücks.

Wichtig: Es ist empfehlenswert, beim Gutachterausschuss bzw. Katasteramt vorzusprechen und nicht anzurufen oder gar schriftliche Auskunft zu verlangen. Während solche Auskünfte meist gebührenpflichtig sind, erhält man die mündliche Auskunft bei der Behörde manchmal kostenlos.

Möglicherweise kann der Steuerberater mit den vorgenannten Angaben den Richtwert korrigieren. Anderenfalls muss man das Finanzamt darum bitten. Hierzu braucht man eine Tabelle, welche in den einzelnen Gemeinden verschieden sein kann und die deshalb hier nicht abgedruckt wurde.

Kennt man diesen „korrigierten Bodenrichtwert", kann man selbst rechnen, nämlich:

> Grundfläche in qm multipliziert mit korrigiertem Bodenrichtwert minus 20 % des so gefundenen Wertes. Dieser Wert wird dann auf volle 500 EUR abgerundet.

Beispiel:

> Der „korrigierte Bodenrichtwert" beträgt 50 EUR/qm; die Grundstücksgröße liegt bei 310 qm. Also: 50 EUR x 310 = 15 500 EUR, abzüglich 20 % = 3 100 EUR, also 12 400 EUR; abgerundeter Steuerwert des Grundstücks: 12 000 EUR.

Die im Beispiel genannten 20 % sind eine pauschale Abgeltung für alle Besonderheiten und Mängel, welche das zu verschenkende

Grundstück eventuell aufweist. Der Abschlag wird auch dann angesetzt, wenn solche Besonderheiten oder Mängel nicht ersichtlich
sind.

Handelt es sich um ein sehr wertvolles (großes) Grundstück und ein
relativ wertloses Haus, ist diese Berechnung auch dann notwendig,
wenn das Grundstück bebaut ist. Denn der Steuerwert des Hauses
kann nicht niedriger sein als der Steuerwert des Grundstücks.

Haus

Benötigt wird zunächst der durchschnittliche Mietwert der letzten
drei Jahre. Das wäre problemlos, wenn das ganze Haus in dieser Zeit
vermietet gewesen wäre. Meist wird es aber nicht oder nur teilweise
vermietet gewesen sein. Dann muss für den nicht vermieteten Teil
der Mietwert ermittelt werden. Dies geschieht am besten durch den
Mietspiegel, den wohl alle Gemeinden jetzt haben. Angesetzt wird
die nicht preisgebundene Miete, ausgenommen Gebäude im Bei-
trittsgebiet, welche vor dem Beitritt bezugsfertig waren. In Betracht
kämen auch Vergleichsmieten oder Gutachten. Ersteres ist unzuver-
lässig, Letzteres teuer. War das Haus teilweise vermietet, müssen
tatsächlich erzielte Miete und ermittelte Miete (für die nicht vermietete Wohnung) zusammengezählt werden.

> **Beispiel:**
>
> Im Haus sind zwei Wohnungen. Eine ist für monatlich 300 EUR
> vermietet (ohne Nebenkosten, aber mit der Miete für Garage/
> Abstellplatz). Laut Mietspiegel käme für die Wohnung des
> Eigentümers eine Miete von jetzt 400 EUR, in den beiden ver-
> gangenen Jahren von 380 EUR in Ansatz.
>
> Jetzt kann man rechnen:
>
> Eigentümerwohnung: 380 EUR x 24 (= zwei Jahre) + 400 EUR x
> 12 (= ein Jahr) = 9 120 EUR + 4 800 EUR = 13 920 EUR, also im
> Durchschnitt der drei letzten Jahre (= dividiert durch 3) =
> 4 640 EUR.

Vermietete Wohnung: Da die Miete in den letzten drei Jahren gleich blieb, die Jahresmiete von 3 600 EUR.

Somit beträgt der Jahres-Mietwert des ganzen Hauses 4 640 EUR + 3 600 EUR = 8 240 EUR.

Der so gefundene Wert muss jetzt mit 12,5 multipliziert werden:

12,5 x 8 240 EUR = 103 000 EUR.

Hiervon muss nun ein Abschlag fürs Alter vorgenommen werden:

- Bei Häusern, welche vor 1947 fertig gestellt wurden (auch wenn sie inzwischen etwas modernisiert – aber nicht völlig umgebaut – wurden) 25 %.

- Bei jüngeren Häusern 0,5 % für jedes volle Jahr ab dem 1. 1. des Fertigstellungsjahres, höchstens aber 25 %.

Das Haus wurde im August 1960 fertig gestellt. Die Schenkung soll im November 2003 erfolgen. 1960 bis 1999 ergeben 30 Jahre; hinzuzuzählen sind die Jahre 2000, 2001 und 2002, nicht aber mehr das Jahr 2003, also 33 Jahre: Abschlag 33 x 0,5 % = 16,5 % = 16 995 EUR, welche von den 103 000 EUR abzuziehen sind. Somit ergibt sich zunächst ein Steuerwert von 86 005 EUR, nach Abrundung 86 000 EUR.

Wäre es nicht ein Ein- oder Zweifamilienhaus, sondern ein Mehrfamilienhaus oder eine Eigentumswohnung in einem solchen, wäre die Berechnung jetzt fertig. Da es sich aber um ein Zweifamilienhaus handelt, ist – ebenso wie beim Einfamilienhaus – ein Zuschlag von 20 % vorzunehmen.

obiger Steuerwert	86 005 EUR
Zuschlag von 20 %	17 201 EUR
Zwischenwert	103 206 EUR
ergibt nach Abrundung auf	
500 EUR einen Steuerwert von	103 000 EUR

Der vorgenannte Zuschlag wird nur berechnet, wenn das Ein- oder Zweifamilienhaus zu reinen Wohnzwecken dient, auch dann, wenn in einer Wohnung ein Zimmer steuerlich als Arbeitszimmer anerkannt ist. Befindet sich jedoch ein gewerblicher Betrieb im Haus oder betreibt ein Freiberufler darin seine berufliche Tätigkeit, entfällt der Zuschlag.

In der vorgenannten vermieteten Wohnung betreibt ein Rechtsanwalt (= Freiberufler) in einem der Wohnräume seine Anwaltskanzlei. Folge: Es bleibt beim Steuerwert von 86 000 EUR.

Steht das Haus auf einem Erbbaurecht, so muss von dem gefundenen Wert noch das 18,6fache des jährlichen Erbbauzinses abgezogen werden.

Das Grundstück gehört nicht dem Hauseigentümer, sondern der Kirchengemeinde. Der Hauseigentümer (= Erbbauberechtigter) zahlt jährlich an diese 86 EUR Erbbauzins. Also: Von 103 206 EUR (Wohnung dient nur zu Wohnzwecken) sind 18,6 x 86 EUR = 1 599,60 EUR abzuziehen, sodass 101 606,40 EUR verbleiben. Wieder abgerundet ergibt sich ein Steuerwert von 101 500 EUR.

Achtung: Wer der Meinung ist, der so berechnete Wert sei zu hoch, kann eine Änderung verlangen. Gute Aussichten hat er nur, wenn das Haus vor nicht längerer Zeit als einem Jahr zu einem niedrigeren Preis gekauft wurde. Anderenfalls müsste er es auf seine Kosten schätzen lassen. Die hierdurch entstehenden Kosten sind meist höher als die ersparte Steuer.

Vom Wert der Immobilie werden die Lasten abgezogen, welche der Beschenkte übernehmen muss. In Betracht kommen beispielsweise

- Grundschulden, welche der Beschenkte an die Bank zurückzahlen muss;

- Leistungen, die er zu erbringen hat, z. B. Ausgleichszahlungen an Geschwister;

- „Duldungen" (also z. B. Nießbrauch, Wohnungsrecht), aber nur, wenn sie nicht zugunsten des Schenkers gehen, also z. B. ein Wohnungsrecht für die Schwester. Wie der Wert eines solchen Rechtes berechnet wird, weiß das Finanzamt. Hinweise dazu befinden sich auch auf Seite 119 ff. Hinsichtlich „Duldungen" zugunsten des Schenkers siehe Seite 93;

- bei der Erbschaftsteuer auch Pflichtteilsansprüche, die tatsächlich geltend gemacht wurden und Vermächtnisse, welche der Erbe erfüllen musste. Hinzu kommen die Bestattungskosten.

Außerdem können die Kosten abgezogen werden, welche durch die Vornahme der Schenkung entstehen, z. B. Notarkosten, Kosten des Grundbuchamtes und eventuell des Steuerberaters für die Schenkungsteuererklärung.

Wird ein Kaufpreis vereinbart, der aber wesentlich geringer ist als der Verkehrswert des Grundstücks (gemischte Schenkung), muss nur der unentgeltliche Teil versteuert werden. Da aber der Steuerwert geringer ist als der Verkehrswert, ist die Berechnung nicht ganz einfach. Die Grundregel sei an einem Zahlenbeispiel dargestellt – Einzelheiten müssen aber in jedem Fall erfragt werden!

Steuerwert des Grundstücks (des Hauses) nach Seite 36 150 000 EUR

Verkehrswert des Grundstücks (des Hauses) 200 000 EUR

Vereinbarter Kaufpreis 80 000 EUR

Rechenwert der Schenkung nach bürgerlichem Recht:
200 000 EUR (Verkehrswert) minus 80 000 EUR (Kaufpreis) = 120 000 EUR

Die Berechnung des zu versteuernden Betrages erfolgt im Grundsatz nach dieser Formel:

$$\frac{\text{Steuerwert multipliziert mit Rechenwert bürgerlichen Rechts}}{\text{Verkehrswert}}$$

Beispiel:

150 000 EUR multipliziert mit 120 000 EUR dividiert durch 200 000 EUR = 90 000 EUR zu versteuern und nicht nur 70 000 EUR (150 000 EUR minus 80 000 EUR), wie man eigentlich annehmen würde.

Höhe der Steuer

Ist der Wert der Immobilie höher als der Freibetrag, muss der übersteigende Wert versteuert werden. Die Höhe der Steuer richtet sich nach der Steuerklasse und nach dem zu versteuernden Betrag:

Zu versteuernder Betrag	Steuer-klasse I	Steuer-klasse II	Steuer-klasse III
bis zu 52 000 EUR	7 %	12 %	17 %
bis zu 256 000 EUR	11 %	17 %	23 %
bis zu 512 000 EUR	15 %	22 %	29 %

Vom Abdruck der höheren Stufen wird abgesehen.

Beispiel:

Die Großmutter schenkt ihrem Enkelkind einen Bauplatz im Steuerwert (siehe Seite 34) von 70 000 EUR. Ihr Sohn – Vater des Enkelkindes – lebt noch. Der Freibetrag liegt also bei 51 200 EUR. Versteuert werden 18 800 EUR; das sind bei einem Steuersatz von 7 % 1 316 EUR.

Übersteigt der Steuerwert auch nur geringfügig die obige Betragsgruppe (z. B. 52 000 EUR Steuerwert bei einem Freibetrag von 51 200 EUR), wird nicht etwa „gestaffelt", sondern es ist der höhere Steuersatz für den Gesamtbetrag zu zahlen, also bei 52 000 EUR insgesamt statt 7 % nun 11 %. Allerdings gibt es bei nur geringfügiger Überschreitung einen Härteausgleich, welcher die Steuer mindert. Wie man diesen Härteausgleich berechnet, steht auf Seite 117.

Besonderheiten

Einige Besonderheiten seien kurz aufgezählt:

- Auch Vermächtnisse und geltend gemachte Pflichtteilsansprüche sind steuerpflichtig, wenn der Freibetrag überschritten wird. Umgekehrt werden sie beim steuerpflichtigen Betrag des Erben in Abzug gebracht.

- Muss der Beschenkte Schulden übernehmen, kann er diese abziehen. Dies gilt nicht für den „Vorbehalt" des Übergebers (Beachten Sie hierzu die Ausführungen auf Seite 193).

- Auch Geld, das nur zur Anschaffung eines Grundstücks (Hauses) bestimmt ist, kann zum günstigen Wertsatz wie Grundbesitz verschenkt werden. Fragen Sie Ihren Steuerberater!

- Schenkungen zwischen Ehegatten sind steuerfrei, wenn es sich um das in Deutschland gelegene, selbst bewohnte (nichts darf vermietet sein) Haus oder die selbst bewohnte Eigentumswohnung handelt, in welchem die Eheleute den Mittelpunkt ihrer Lebensführung haben. Dass zur Familie Kinder (auch volljährige Kinder) gehören, schadet nicht. Interessant ist es, wenn der bisherige Alleineigentümer seinem Ehegatten Miteigentum überträgt, z. B. „Gütergemeinschaft" vereinbart (siehe Seite 114), weil hierdurch der Freibetrag nicht verbraucht wird. Wochenendhäuser, Ferienhäuser oder Bauplätze fallen nicht unter diese Befreiung.

- Muss ein Berechtigter der Steuerklasse I für eine Erbschaft Steuern zahlen, für welche der Erblasser – ebenfalls in Steuerklasse I – in den letzten zehn Jahren Schenkung- oder Erbschaftsteuer gezahlt hat, gibt es eine gestaffelte Ermäßigung der Erbschaftsteuer.

■ Auch die schenkungsweise Überlassung eines Duldungsrechtes, also eines Nießbrauchs, eines Wohnungsrechtes oder eines Altenteils kann die Schenkungsteuer auslösen. Beachten Sie hierzu die Ausführungen auf Seite 123.

Ausländer oder Auslandsimmobilie

Bekanntlich darf in Deutschland jeder Grundbesitz erwerben, auch wenn er nicht EU-Bürger ist. Steuerlich gilt: Ist der Eigentümer/ Erblasser oder der Beschenkte/Erbe Inländer, gilt deutsches Steuerrecht, auch wenn die Immobilie im Ausland liegt. „Inländer" ist:

■ Wer im Gebiet der Bundesrepublik Deutschland seinen Wohnsitz oder seinen gewöhnlichen Aufenthalt hat – und zwar ohne Rücksicht auf die Staatsangehörigkeit. Also sind z. B. Gastarbeiter, die schon einige Zeit in Deutschland wohnen, „Inländer", obwohl sie ihre ausländische Staatsangehörigkeit behalten haben und auch wieder in ihre Heimat zurückkehren wollen.

■ Deutsche Staatsangehörige, welche im Auftrag einer „inländischen juristischen Person des öffentlichen Rechts" im Ausland wohnen und zwar ohne Rücksicht darauf, wie lange sie schon dort sind. Eine solche „juristische Person des öffentlichen Rechts" ist z. B. die Bundesrepublik Deutschland, sodass dies alle Angehörigen des diplomatischen Dienstes betrifft. Betroffen ist aber auch, wer für ein Bundesland, eine Gemeinde oder auch für eine der Kirchen, die öffentlich-rechtlich organisiert sind, im Ausland tätig ist. Nicht hierunter fallen Bedienstete von privaten Firmen, welche von ihrem Arbeitgeber ins Ausland geschickt wurden.

- Deutsche Staatsangehörige, welche sich im Ausland noch nicht länger als fünf Jahre aufhalten. Hier spielt der Grund des Aufenthaltes keine Rolle, also kommen auch Mitarbeiter von Firmen in Betracht.

Beispiele:

- Die Großeltern, die in Deutschland wohnen, schenken ihr Ferienhaus in Spanien ihrem Enkelkind, das in Rom studiert. Die Schenkung ist steuerpflichtig, da die Schenker „Inländer" sind. Es kommt dann nicht darauf an, ob die Immobilie in Deutschland oder im Ausland liegt und wo der Beschenkte seinen Wohnsitz hat.

- Ein italienischer Gastarbeiter hat in Sizilien immer noch ein Haus, wo er nach arbeitsreichen Jahren seinen Lebensabend verbringen möchte. Das Haus wird von seiner Tochter bewohnt, die in Sizilien verblieben ist. Nun entschließt er sich, für immer in Deutschland zu bleiben und schenkt seiner Tochter das Haus. Die Schenkung ist steuerpflichtig, weil der Schenker „Inländer" ist.

- Eine in Regensburg lebende Verehrerin schenkt dem Kurienkardinal R., der seit vielen Jahren in Rom im Vatikan tätig ist, ihr Ferienhaus in der Schweiz. Steuerpflichtig! Warum? Kardinal R. ist zwar deutscher Staatsangehöriger, aber nicht im Dienste der deutschen Kirche in Rom, sondern im Dienst des Vatikans. Außerdem wohnt er schon länger als fünf Jahre ununterbrochen im Ausland. Somit könnte er steuerfrei beschenkt werden. Aber: Die Schenkerin ist Inländerin und damit ist die Schenkung steuerpflichtig, obwohl das Grundstück im Ausland liegt.

Ist weder der Schenker/Erblasser noch der Beschenkte/Erbe Inländer, fällt nur für ein in Deutschland gelegenes Grundstück Steuer an. In diesem Fall beträgt der Freibetrag (siehe Seite 32) ohne Rücksicht auf den Familienstand nur 1 100 EUR.

Liegt das Grundstück im Ausland, erfolgt die Berechnung nicht nach den vorstehend aufgestellten besonderen Regeln. Vielmehr gilt der Verkehrswert, also der Preis, zu welchem es vermutlich verkauft werden könnte. Das Finanzamt muss diesen Wert auf Grund der vom Steuerpflichtigen vorzulegenden Unterlagen schätzen.

Beispiel: _____

Die italienischen Eheleute sind nach langem Aufenthalt in Deutschland für immer in ihre Heimat zurückgekehrt. Sie haben in Deutschland (Miteigentum je zur Hälfte) ein Haus, das vermietet ist. Ihr Sohn lebt in der Schweiz. Sie schenken nun ihrem Sohn das Haus. Die Schenkung ist steuerpflichtig – und nur zwei Freibeträge von je 1 100 EUR sind möglich. Das hätte man besser machen können! Sie hätten ihr Haus an den Sohn verschenken können, solange sie noch in Deutschland lebten. Dann hätte der Sohn zwei Freibeträge zu je 205 000 EUR und damit bis 410 000 EUR Grundstückswert Steuerfreiheit gehabt. Der Sohn hätte seine Freibeträge getrost verbrauchen können, da nach der Rückkehr der Eltern in die Heimat und bei seinem Wohnsitz in der Schweiz künftig keine deutsche Erbschaftsteuer mehr anfallen kann.

Sind die vorgenannten Eheleute bereits nach Italien zurückgekehrt, könnte der Sohn – wenn ihm dies möglich ist – seinen Wohnsitz nach Deutschland verlegen und sich dann erst das Haus schenken lassen. Auch in diesem Fall hätte er zwei Freibeträge zu je 205 000 EUR und könnte anschließend wieder in die Schweiz zurückkehren. Allerdings: Wohnsitz oder gewöhnlicher Aufenthalt erfordert doch eine gewisse Dauer der Anwesenheit vor der Schenkung. Das Finanzamt wird dies sicher nachprüfen. Dabei würde es nicht genügen, wenn er in Deutschland nur polizeilich gemeldet gewesen wäre, ohne aber tatsächlich hier zu wohnen.

Wenn die Immobilie nicht Teil der Altersvorsorge ist

3

Steuerliche Überlegungen

Was ist zu bedenken, wenn ein Grundstück verschenkt werden soll, welches für die eigene Altersvorsorge keine Rolle mehr spielt, also z. B. ein Bauplatz für ein Kind oder Enkelkind? Es wird davon ausgegangen, dass es sich nicht um eine so genannte „Ausstattung" (§ 2050 Abs. 1, 2 BGB) handelt und dass der Schenker für sich selbst keinen „Vorbehalt" beabsichtigt. Dennoch ist einiges zu beachten:

Es muss zunächst überlegt werden, wie und an wen die Übertragung steuerlich am besten erfolgt. Wenn der Beschenkte später nicht Erbe werden soll, kann er jetzt für die Schenkung seinen Freibetrag voll einsetzen. Soll der Beschenkte aber später einmal Erbe oder Miterbe werden, muss überlegt werden, ob dann Schenkung und Erbschaft zusammen den Freibetrag übersteigen, was zur Steuerpflicht führt, wenn der Schenker innerhalb von zehn Jahren stirbt. Deshalb sollte in diesem Fall, wenn überhaupt, die Schenkung frühzeitig erfolgen.

Beispiele: _____

Der Vater Andreas Huber hat ein Haus – in welchem er wohnt – und einen Bauplatz. Die Steuerwerte (nach Seite 34 ff. berechnet) belaufen sich auf 300 000 EUR für das Haus und 60 000 EUR für den Bauplatz. Seine drei Söhne leben noch. Er will den Bauplatz seinem Enkelkind schenken. Also: Freibetrag 51 200 EUR, Wert der Schenkung 60 000 EUR, steuerpflichtig 8 800 EUR, Steuer 7 % = 616 EUR.

Was die spätere Erbschaft anbelangt, ist steuerlich nichts zu befürchten. Gleichgültig, ob später die Ehefrau oder (wenn die Ehefrau bereits verstorben ist) nur die Söhne zu je 1/3 erben, ihr Freibetrag reicht für eine steuerfreie Erbschaft aus. Lediglich, wenn der Vater per Testament nur einen seiner Söhne als Alleinerben einsetzen würde und die beiden anderen auf ihren Pflichtteil verzichten würden, käme eine Steuer für den Alleinerben in Betracht.

Da stellt sich doch die Frage, ob man die vorgenannte Schenkung nicht auf einem Umweg steuerfrei machen kann. Solche „Umwege" sollen sehr beliebt sein, werden allerdings vom Finanzamt nicht gerne gesehen und dort eventuell als „Umgehungsgeschäft" erfasst. Deshalb sollten die nachgenannten „Geschäfte" nicht in der gleichen notariellen Urkunde, sondern in getrennten Urkunden und auch nicht unbedingt zeitnah abgewickelt werden.

Es wäre an Folgendes zu denken:

Der Ehemann – bisher Alleineigentümer – überträgt seiner Frau die Hälfte des Grundvermögens. Dies kann dadurch erfolgen, dass jetzt statt des gesetzlichen Güterstandes der Zugewinngemeinschaft die Gütergemeinschaft vereinbart wird, was allerdings das gesamte Vermögen (also Haus und Bauplatz) umfasst und auch erbrechtliche Folgen für die Frau hat. Bezüglich des Hauses ist diese Übertragung eventuell sogar steuerfrei (siehe Seite 41), sodass der hohe Freibetrag der Frau nur minimal verbraucht wird. Natürlich könnten sie auch einen Schenkungsvertrag nur über die Hälfte des Bauplatzes schließen. Dabei wird der Bauplatz nicht etwa geteilt oder vermessen, sondern es wird lediglich im Grundbuch eingetragen, dass jetzt die Eheleute „Miteigentümer je zur Hälfte" sind. Hierdurch verbraucht die Frau ihren Freibetrag in Höhe von 30 000 EUR.

Anschließend übertragen Großvater und Großmutter je zur Hälfte den Bauplatz schenkungsweise auf das Enkelkind. Jetzt hat dieses zwei Freibeträge und erwirbt steuerfrei.

Beispiel:

Andreas schenkt den Bauplatz nicht dem Enkel, sondern seinem Sohn Michael, dem Vater des Enkelkindes. Diese Schenkung ist steuerfrei; Michael verbraucht aber einen Freibetrag von 60 000 EUR, was nachteilig sein kann, wenn Andreas innerhalb von zehn Jahren stirbt. Nun schenkt Michael seinem Sohn, also dem Enkelkind, den Bauplatz. Diese Schenkung ist ebenfalls steuerfrei. Das Enkelkind verbraucht einen Teil seines Freibetrages, wenn Michael innerhalb von zehn Jahren stirbt.

Achtung: Der doppelte Erwerbsvorgang ist zwar grunderwerbsteuerfrei, jedoch gebührenpflichtig. Es fallen zusätzliche Notar- und Gerichtskosten an. Bei einem Wert von 60 000 EUR muss man im erstgenannten Fall beim Notar mit Mehrkosten von ungefähr 450 EUR rechnen; beim Gericht (Grundbuchamt) nochmals mit ungefähr 70 EUR. Diese Kosten müssen immer gegen die Steuerersparnis aufgerechnet werden. Dabei wird sich ergeben, dass sich „Umwege" bei Grundbesitz nicht immer rechnen werden. Bei „Mobilien" lohnt sich das eher.

Wichtig: Muss der Beschenkte Schulden übernehmen oder Herauszahlungen an Dritte leisten, werden diese vom Steuerwert abgezogen.

Beispiel: _____

Andreas, Alleineigentümer eines Hauses und verwitwet, will seinen Lebensabend in Spanien verbringen. Er überträgt Michael sein Haus (Steuerwert 300 000 EUR) mit der Maßgabe, dass er die Grundschuld von 30 000 EUR bei der Bank ablöst und seinen beiden Brüdern je 100 000 EUR ausbezahlt. Die beiden Brüder verbrauchen hierdurch ihren Freibetrag in Höhe von je 100 000 EUR. Da es sich um eine gemischte Schenkung handelt, verbraucht Michael seinen Freibetrag in Höhe eines Betrages zwischen 70 000 und 100 000 EUR. Um dies genau zu berechnen, muss man ausnahmsweise auch den Verkehrswert kennen. Geht man von 330 000 EUR aus – wovon offenbar der Vater ausgegangen ist – kommt man zu einem Betrag von ungefähr 90 000 EUR. Die Formel für die Berechnung steht auf Seite 39.

Erbrechtliche Überlegungen

Durch eine Schenkung zu Lebzeiten kann es zu einer erheblichen Benachteiligung anderer „gleichberechtigter" Kinder oder Enkelkinder kommen, welche eventuell der Schenker so nicht will. Wer also einem von mehreren Kindern zu Lebzeiten eine Immobilie schenkt und dieses Kind nicht begünstigen will (sondern sich vorstellt, später mit anderem Vermögen den Ausgleich zu schaffen), sollte an Folgendes denken:

- Bei Erbschafts- und Pflichtteilsfragen zählt stets der reale Wert (Schätzwert) des Grundstücks, nicht der Steuerwert.

- Mit Rücksicht auf die Testierfreiheit kann – entgegen dem Wortlaut des § 2050 Abs. 3 BGB – die Anrechnung einer Schenkung auf den Erbteil auch noch im Testament geregelt werden, wenn dem Beschenkten immer noch mindestens der Pflichtteil verbleibt.

- Die Anrechnung einer Schenkung auf den Pflichtteil kann dagegen aber nur bei der Zuwendung angeordnet werden (§ 2315 BGB), also später nicht mehr im Testament nachgeholt werden. Um Streit zu vermeiden, sollte man bei der Schenkung den Wert des Grundstücks für die spätere Anrechnung durch Vereinbarung festlegen.

- Man kann eine solche Anrechnungsbestimmung später – wenn man will – zugunsten des Beschenkten immer noch im Testament ändern, also z. B. aufheben. Der Schenker kann den Beschenkten später zum Alleinerben einsetzen, wodurch sich die Anrechnung auf den Erbteil und auf den Pflichtteil erledigt, der Pflichtteil der anderen aber gewahrt bleiben muss.

- Die Bestimmung, der Beschenkte habe sich die Schenkung (Zuwendung) „auf den Pflichtteil anrechnen zu lassen", entfällt nicht, wenn der Schenker noch länger als zehn Jahre lebt.

Es ist also grundsätzlich richtig, eine ohnehin beabsichtigte Anrechnungspflicht bereits bei der Schenkung festzulegen. Dem Schenker bleibt ja immer noch die Möglichkeit, dies später in einem Testament zugunsten des Beschenkten zu ändern, wobei natürlich den übrigen Berechtigten ihr Pflichtteil – eventuell mit Ergänzung um die Schenkung – bleiben muss.

Beispiel:

Die Witwe Eva hat zwei Söhne, Kain und Abel. Sie schenkt ihrem Sohn Abel ein Grundstück im Schätzwert von 100 000 EUR. Bei der Schenkung wurde bestimmt, dass sich Abel 100 000 EUR auf den Erbteil anrechnen lassen muss. Beide Söhne beerben ihre Mutter je zur Hälfte. Der Nachlasswert am Todestag beträgt noch 260 000 EUR.

Jetzt wird wie folgt gerechnet: Rechenwert: 100 000 EUR + 260 000 EUR = 360 000 EUR. Hiervon bekäme jeder Sohn 180 000 EUR; Abel hat aber schon 100 000 EUR, bekommt jetzt also nur noch 80 000 EUR.

Abwandlung:

Abel muss sich die Schenkung nicht nur auf den Erbteil, sondern auch auf den Pflichtteil anrechnen lassen: Später wird Kain auf Grund eines Testamentes Alleinerbe.

Der Erbteil des Abel beträgt (siehe oben) 80 000 EUR. Der Rechen-Pflichtteil beträgt hiervon die Hälfte, somit 40 000 EUR. Auf diesen Pflichtteil muss er sich nun noch einmal die Zuwendung anrechnen lassen, aber (§ 2316 Abs. 4 BGB) nur mit der Hälfte, also mit 50 000 EUR. Da der Pflichtteil (40 000 EUR) geringer ist als der Anrechnungsbetrag (50 000 EUR), erhält Abel nichts mehr – muss aber auch nichts auszahlen.

Abwandlung:

Eva hatte Abel das vorgenannte Grundstück mit der Bestimmung zugewendet, dass er es auf seinen Erb- und Pflichtteil anrechnen muss. Als sie zwölf Jahre später stirbt, beträgt ihr Nachlass nur noch 20 000 EUR. Sie hat aber in ihrem Testament Abel als ihren Alleinerben eingesetzt. Damit ist die Anrechnungspflicht des Abel erloschen.

Durch das Testament nicht erloschen ist aber die Ergänzungspflicht des Abel auf den Pflichtteil von Kain, welcher aus 120 000 EUR rechnerisch 30 000 EUR ($\frac{1}{4}$) betragen würde. Jedoch ist diese Ergänzungspflicht dadurch erloschen, dass die Schenkung länger als zehn Jahre zurückliegt (§ 2325 Abs. 3 BGB).

Also gilt:

- Wer sich ein Geschenk auf Erbteil oder Pflichtteil anrechnen lassen muss, braucht keine Herauszahlung zu leisten, wenn sein Pflichtteil geringer ist als der Anrechnungsbetrag. Für die Anrechnungspflicht gibt es keine Zehn-Jahres-Grenze zwischen Schenkung und Tod des Schenkers.

- Wer wegen eines Geschenkes den Pflichtteil eines anderen ergänzen muss, wird von dieser Verpflichtung frei, wenn zwischen Schenkung und Tod des Schenkers zehn Jahre verstrichen sind und auch insoweit, als ihm dann weniger verbleiben würde als sein eigener Pflichtteil (§ 2328 BGB). Beachten Sie die Auführungen auf Seite 25 zum Fristbeginn.

Verzicht auf den Pflichtteil

Hat der Beschenkte ein Grundstück erhalten, welches im Verhältnis zum Vermögen des Schenkers einen erheblichen Wert hat, könnte – allerdings nach Beratung durch den Notar – auch erwogen werden, dass der Beschenkte auf sein Erb- und Pflichtteilsrecht für sich und seine Abkömmlinge verzichtet. Ist dies beabsichtigt, wäre Folgendes zu beachten:

- Ein Pflichtteilsverzicht muss immer beim Notar erfolgen, kann aber zusammen mit der Schenkung in einer Urkunde erklärt werden.

- Der Beschenkte wird später so behandelt, als hätte es ihn nie gegeben; er und seine Abkömmlinge werden bei der Berechnung des gesetzlichen Erb- und Pflichtteilsrecht nicht mehr mitgerechnet.

- Er muss dennoch den Pflichtteil der anderen Pflichtteilsberechtigten gegebenenfalls ergänzen, wenn der Schenker innerhalb von zehn Jahren stirbt; bei der Berechnung ihrer Pflichtteile wird er selbst nicht mitgerechnet.

- Der Schenker kann ihn aber trotz des Verzichts auf Erbteil und Pflichtteil in einem Testament beliebig bedenken, wobei er nur den Pflichtteil der anderen Berechtigten nicht kürzen darf.

Beispiel:

Die Witwe Klara hat drei Söhne, Gustav, Fridolin und Horst. Sie schenkt ihrem Sohn Gustav ein Grundstück im Schätzwert von 100 000 EUR und Gustav verzichtet auf sein gesetzliches Erb- und Pflichtteilsrecht.

1. Alternative:

Der Wert des Nachlasses der Klara an deren Todestag beträgt 300 000 EUR. Horst und Fridolin erben je 150 000 EUR, Gustav erbt nichts und muss auch nichts herausgeben, denn der Pflichtteil seiner Brüder aus Nachlass und Schenkung (300 000 EUR + 100 000 EUR = 400 000 EUR) wäre nur $1/4$ von 400 000 EUR, also weniger als die geerbten 150 000 EUR.

2. Alternative:

Der Wert des Nachlasses beträgt nur 60 000 EUR und Klara stirbt zwei Jahre nach der Schenkung. Horst und Fridolin sind ihre Erben je zur Hälfte; sie erben also je 30 000 EUR. Wäre das Grundstück noch im Nachlass, würde dieser 160 000 EUR betragen. Der Pflichtteil der beiden Erben würde also je $^1/_4$ = je 40 000 EUR betragen. Jetzt muss Gustav jedem seiner Brüder 10 000 EUR ausbezahlen (geerbt je 30 000 EUR, ergänzt je 10 000 EUR ergibt den Pflichtteil von 40 000 EUR). Natürlich darf er das Grundstück behalten.

3. Alternative:

Klara stirbt elf Jahre nach der Schenkung. Fridolin und Horst erben je zur Hälfte den vorhandenen Nachlass. Gustav erhält nichts und muss auch nichts zahlen.

4. Alternative:

Klara und Gustav sind „ein Herz und eine Seele", die beiden anderen Söhne kümmern sich nicht um die Mutter. Bei ihrem Tod ist ein Nachlass von 120 000 EUR vorhanden. Klara hat Gustav in ihrem Testament zum Alleinerben eingesetzt und stirbt drei Jahre nach der Schenkung. Dies bedeutet, dass Horst und Fridolin nur ihren Pflichtteil, nämlich je $^1/_4$ des Nachlasses erhalten. Wieder wird – da der Tod der Klara nicht länger als zehn Jahre zurückliegt – die Schenkung in den Nachlass eingerechnet, also 220 000 EUR, Pflichtteil je 55 000 EUR. Dem Gustav bleiben – neben dem Grundstück – nur 10 000 EUR.

5. Alternative:

Wie 4., aber Klara stirbt erst elf Jahre nach der Schenkung. Jetzt zählt das Grundstück nicht mehr mit. Fridolin und Horst erhalten als Pflichtteil nur $^1/_4$ von 120 000 EUR, also je 30 000 EUR; Gustav behält neben dem Grundstück noch 60 000 EUR.

Praxis-Tipp:

Ist bei der Schenkung eines Grundstücks eine spätere Gleichstellung anderer Kinder oder Enkel beabsichtigt, stehen hierfür dem Schenker drei Möglichkeiten zur Verfügung:

- Bei der Schenkung wird die Verpflichtung einer Anrechnung auf den künftigen Erbteil bestimmt. Hierbei sollte der Geldwert des Grundstücks bei der Schenkung einvernehmlich für die Anrechnung festgelegt werden. Die Verpflichtung zur Anrechnung kann auch noch später einvernehmlich oder im Testament bestimmt werden.

- Nur bei der Schenkung oder einvernehmlich, also nicht mehr später im Testament, kann die Anrechnung auch auf den Pflichtteil vereinbart werden, was nur sinnvoll ist, wenn der Wert des verschenkten Grundstücks angesichts des Restvermögens erheblich ist. Auch hierbei kann der Wert der Schenkung festgelegt werden. Diese Festlegung bindet den Beschenkten, nicht aber die anderen, wenn deren Pflichtteil berührt wird.

- Besonders bei erheblichem Wert des verschenkten Grundstücks gegenüber dem Restnachlass sollte – allerdings nur nach eingehender Beratung durch den Notar – bei der Schenkung ein Verzicht des Beschenkten auf sein und seiner Abkömmlinge künftiges Erb- und Pflichtteilsrecht verlangt werden.

Die vorgenannten Anrechnungspflichten entfallen nicht, wenn der Schenker noch länger als zehn Jahre nach der Schenkung lebt. Beeinträchtigt die Schenkung den späteren Pflichtteil der anderen Kinder/Enkelkinder, muss der Beschenkte eventuell an diese eine Zahlung leisten. Dies kann der Schenker weder bei der Schenkung, noch in einem Testament ausschließen. Diese Verpflichtung erlischt allerdings zehn Jahre nach der Schenkung, wenn der Schenker dann immer noch lebt.

Wichtig: Der Schenker kann in seinem Testament alle diese Vereinbarungen zugunsten des Beschenkten ändern, wenn er damit die Pflichtteilsrechte der anderen nicht beeinträchtigt.

Wenn der Schenker sozialhilfebedürftig wird

Rückgabe der Schenkung

Unser BGB sieht vor, dass eine Schenkung wieder zurückverlangt werden kann, wenn der Schenker unverschuldet in Not gerät (§ 528 BGB). Trotz Pflegeversicherung erleben es leider immer mehr alte Menschen, dass ihre Altersversorgung nicht ausreicht, um die Kosten einer erforderlich werdenden Heimunterbringung zu decken. Ist das noch vorhandene Vermögen bis auf einen Schonbetrag verbraucht, tritt das Sozialamt ein. Damit ist an sich die Voraussetzung gegeben, dass der Hilfsbedürftige vom Beschenkten die Rückgabe der Schenkung (hier also die Rückübertragung des Grundstücks) verlangen könnte. Allerdings – der Schenker wird das selten tun! Dies hilft aber dem Beschenkten nichts, denn jetzt tritt das Sozialamt auf den Plan. Sobald dieses von einer solchen Schenkung erfährt – und es besteht eine weitgehende Auskunftspflicht – kann es den Anspruch des Schenkers auf Rückgabe der Schenkung „auf sich überleiten" (§ 90 BSHG). Dies bedeutet, jetzt ist das Sozialamt berechtigt, namens des Schenkers vom Beschenkten die Herausgabe an sich zu verlangen.

Hierfür gelten die folgenden Regeln:

- Die hier abgehandelte Rückgabe einer Schenkung darf nicht verwechselt werden mit der Zahlungspflicht auf Grund der gesetzlichen Unterhaltspflicht (§ 91 BSHG). Deren Umfang bemisst sich nach Einkommen, Vermögen, Familienstand sowie anderen Faktoren und wird hier nicht erörtert.

- Die Rückgabepflicht geht der vorgenannten Unterhaltspflicht vor und erstreckt sich nicht nur auf Eltern/Kinder, sondern auch auf Enkelkinder und Dritte, welche dem Sozialamt auf Grund einer Unterhaltspflicht keine Zahlung leisten müssten.

- Das Grundstück wird meist wertsteigernd verändert (z. B. bebaut) sein. Außerdem kann das Sozialamt nur verlangen, was es tatsächlich aufgewendet hat. Ein Grundstück kann man aber nicht „in Monatsraten" herausgeben. Folge: Die Herausgabepflicht verwandelt sich in eine Zahlungspflicht. Der Beschenkte muss statt der Herausgabe eine Geldsumme an das Sozialamt in Höhe des dortigen Aufwandes zahlen. Insgesamt muss er aber nur Zahlungen in Höhe des Grundstückswertes leisten.

- Der Beschenkte muss nur den Wert herausgeben, den er noch hat (§§ 528 Abs. 1, 818 Abs. 3 BGB) Wurde das Grundstück inzwischen weiterverschenkt, z. B. an ein Kind, dann richtet sich der Anspruch gegen den jetzigen Eigentümer.

- Wurde das Grundstück verkauft, muss der Beschenkte nur zahlen, wenn er den Kaufpreis oder den entsprechenden Wert noch hat. Dabei wird es wesentlich darauf ankommen, ob er beim Verkauf oder bei der Verfügung über den Kaufpreis bereits absehen konnte, dass eine Rückforderung auf ihn zukommt. Wenn also z. B. das Enkelkind das Grundstück verkauft und das Geld in sein florierendes Geschäft gesteckt hat, wird es zahlen müssen (weil es den Wert noch hat). Ist das Geschäft aber inzwischen pleite und das eingebrachte Geld ist verloren, wird man von ihm nichts mehr verlangen können.

- Die Herausgabe bzw. Zahlung kann nicht verlangt werden, wenn der Beschenkte dann seinen eigenen „angemessenen"[1] Unterhalt nicht mehr bestreiten und seine Unterhaltspflichten nicht mehr erfüllen könnte (§ 529 Abs. 2 BGB). Dies wird nur selten der Fall sein, denn „angemessen" muss hier eng ausgelegt werden und dem Beschenkten werden stärkere Einschränkungen aufzuerlegen sein, als die Rechtsprechung z. B. einem Kind auf Grund übergeleiteter Unterhaltspflicht (§ 91 BSHG) auferlegt.

■ Die Überleitung kann auch noch nach dem Tod des Beschenkten erfolgen, soweit der Anspruch nicht verjährt ist.

■ Einen „Schonbetrag", also ein Grundstück geringen Wertes, das nicht herausgegeben werden müsste, gibt es nicht.

■ Auch hier gilt die Grenze von zehn Jahren (§ 529 Abs. 1 BGB). Entsteht der Anspruch des Sozialamtes erst zehn Jahre oder später nach der Schenkung, kann keine Überleitung mehr erfolgen. Beachten Sie die Ausführungen zum Fristbeginn auf Seite 25. Die Frist beginnt nämlich nicht zu laufen, wenn sich der Schenker bei der Schenkung weitgehend die Nutzungen vorbehalten hat (z. B. Nießbrauch) und somit die Weggabe des Grundstücks nicht „gespürt" hat.

Wichtig: Ist der Anspruch vorher entstanden, endet er nicht mit dem Ablauf der zehn Jahre, sondern erst mit Wegfall des Anspruchs, also mit Wegfall der Sozialhilfebedürftigkeit. Das sollte der Beschenkte beachten, wenn der Eintritt der Hilfsbedürftigkeit kurz vor dem Ablauf der Zehn-Jahres-Frist zu erwarten ist. Kann man absehen, dass demnächst das eigene Vermögen des Schenkers nicht mehr reichen wird, um z. B. die Heimkosten zu bezahlen, könnte man durch Geldzuwendung in das Vermögen des Schenkers den Eintritt des Sozialamtes so lange vermeiden, bis die Zehn-Jahres-Frist abgelaufen ist.

---

[1] Das Wort „standesgemäß" im Gesetz ist ein Redaktionsversehen und muss „angemessen" gelesen werden.

Muss der Beschenkte nach diesen Regeln das Grundstück bzw. dessen Wert herausgeben und hat er damals Schenkungsteuer bezahlt, kommt eine Rückzahlung der Schenkungsteuer eventuell in Betracht (§ 29 Abs. 1 Nr. 1 ErbStG). Fragen Sie beim Finanzamt nach!

Achtung: Bei der Schenkung ist die Möglichkeit, dass der Schenker sozialhilfebedürftig werden könnte, zu beachten. Geschieht dies nicht, kann es zu unerwünschten und sehr ungerechten Ergebnissen zwischen den Kindern kommen.

Beispiel:

Ein verwitweter Vater hat zwei Söhne, Anton und Bruno. Er schenkt Anton sein Grundstück und geht dabei von der Annahme aus, später Bruno mit Geld abzufinden. Nun tritt folgende Situation ein: Der Vater muss in Heimpflege. Die Heimkosten verbrauchen nach und nach seine Ersparnisse. Elf Jahre nach der Schenkung ist das Geld verbraucht und das Sozialamt muss Leistungen erbringen. Beide Söhne verdienen gleich gut, sind verheiratet und haben ein Kind. Antons Ehefrau ist nicht berufstätig; die Schulden für das kleine Einfamilienhaus sind noch nicht abgetragen. Bruno wohnt zur Miete, seine Ehefrau ist berufstätig. Anton muss die Schenkung nicht zurückgeben, da elf Jahre vergangen sind. Das Sozialamt kann also nur über den Unterhaltsanspruch des Vaters Geld verlangen und dieser ist abhängig vom Familieneinkommen der beiden Söhne und von deren tatsächlichem Bedarf. Möglicherweise wird dann Bruno zahlen müssen, Anton aber nicht. Und nach dem Tod des Vaters erhält Bruno von Anton keinen Pflichtteilsausgleich, wenn der Vater dies nicht bei der Schenkung bestimmt hatte (siehe Seite 54). Der Vater hätte also gut daran getan, für diesen Fall eine Ausgleichsverpflichtung zugunsten des Bruno durch Anton bereits bei der Schenkung festzulegen.

Erbe des Sozialhilfe-Empfängers

Da ein Sozialhilfe-Empfänger wegen § 88 BSHG sein Vermögen nicht bis zum letzten Cent einsetzen muss, kann es vorkommen, dass er noch etwas zu vererben hat. Auch wenn der Erbe zu Lebzeiten keine Schenkung erhalten hatte, kann nun das Sozialamt an ihn herantreten (§ 92c BSHG) und die Herausgabe des Nachlasses verlangen. Dies ist nicht zulässig, wenn die Leistungen des Sozialamtes in den letzten zehn Jahren vor dem Tod weniger als 1 688 EUR betragen haben oder wenn der Wert des Nachlasses diesen Betrag nicht übersteigt. Der Betrag kann jährlich zum 1. 7. neu festgesetzt werden und gilt demnach nur bis zum 30. 6. 2003. Auf Besonderheiten soll hier nicht eingegangen werden.

Sogar die Erben des Ehegatten müssen den Nachlass des Ehegatten herausgeben. Dies gilt nicht, wenn

- der Ehegatte nach dem Sozialhilfe-Empfänger stirbt,

- die Leistungen des Sozialamtes angefallen sind, während die Eheleute getrennt lebten oder

- der Hilfeempfänger selbst der Erbe seines Ehegatten ist.

Wenn also z. B. der Ehemann auf Kosten des Sozialamtes im Pflegeheim ist und seine Ehefrau ihren Sohn aus erster Ehe zum Alleinerben eingesetzt hatte und vor dem Ehemann stirbt, muss der Sohn den Nachlass herausgeben, auch wenn seine Mutter diese vererbten Vermögenswerte wegen § 88 BSHG bisher nicht für den Unterhalt ihres Mannes einsetzen musste.

Wenn der Beschenkte vor dem Schenker stirbt

Stirbt der Beschenkte vor dem Tod des Schenkers, könnte das Grundstück eventuell in das Eigentum von Leuten fallen (z. B. Lebensgefährte des Beschenkten), denen es der Schenker nicht zukommen lassen wollte. Hiergegen sind Absicherungen möglich. Gleiches gilt auch für einen seitens des Schenkers nicht erwünschten Verkauf, oder auch für den Fall, dass der Beschenkte in Vermögensverfall gerät und die Zwangsversteigerung des Grundstücks angeordnet wird. Da aber ein solcher Wunsch häufig nur im Zusammenhang mit der Übertragung des Hauses besteht, in dem der Schenker noch selbst wohnen will, wird diese Problematik auf Seite 92 beschrieben.

Wichtig: Wenn keine Absicht besteht, das zu verschenkende Grundstück noch irgendwie selbst zu nutzen, ist Folgendes zu überlegen: Wenn ich das Grundstück frühzeitig verschenke, mir keinerlei Rechte zur Nutzung (Nießbrauch, Wohnrecht, Pachtvertrag) vorbehalte und dann noch zehn Jahre lebe, dann

- kann der Beschenkte seinen Freibetrag nach zehn Jahren für eine weitere Schenkung nochmals ausnutzen;

- kann der Beschenkte mich beerben und hat hierbei nochmals seinen Freibetrag;

- muss der Beschenkte nach Ablauf der 10-Jahres-Frist auf Grund dieser Schenkung keine Zahlungen an das Sozialamt leisten, wenn ich z. B. ins Pflegeheim muss und sozialhilfebedürftig werde. Zahlungen auf Grund seiner Unterhaltspflicht – falls eine solche besteht – werden hierdurch nicht berührt.

Billiger wird's nicht mehr! Wenn die Übertragung erfolgen soll, dann so rasch wie möglich!

- Der Ablauf der 10-Jahres-Frist schützt den Beschenkten vor Rückforderung seitens des Sozialamts und vor Ausgleichsansprüchen anderer Kinder.

- Außerdem ermöglicht dieser Fristablauf erneut den Einsatz des steuerlichen Freibetrags.

- Die Schenkungsteuer wird künftig allenfalls erhöht, auf keinen Fall ermäßigt.

Achtung: Habe ich weitere Kinder/Enkelkinder, die ich nicht benachteiligen will? Gegebenenfalls, wie soll der Ausgleich erfolgen?

- Mit meinem eigenen noch vorhandenen Geld? Das ist gefährlich, wenn ich ins Pflegeheim muss und alles verbrauche!

- Soll der Beschenkte den Ausgleich sofort durch Zahlungen an seine Geschwister vornehmen oder erst nach meinem Tod? Bestimme ich bei der Hingabe eine Anrechnung auf den späteren Erbteil oder gar auf den späteren Pflichtteil? Soll eine Absicherung erfolgen?

- Ist der Wert des verschenkten Grundstücks im Verhältnis zu meinem Vermögen so hoch, dass es angebracht ist, vom Beschenkten als Gegenleistung den Verzicht auf sein Erb- und Pflichtteilsrecht zu verlangen?

- Besteht die Gefahr, dass die Pflichtteilsberechtigten (Geschwister, eventuell Neffen/Nichten des Beschenkten) später vom Beschenkten einen Ausgleich fordern müssen, weil durch die Schenkung ihr Pflichtteil gekürzt würde? Dieser Anspruch verfällt nicht, wenn ich die Schenkung noch mehr als zehn Jahre überlebe! Wenn alle späteren Pflichtteilsberechtigten damit einverstanden sind, kann dieser Ausgleichsanspruch beim Notar durch Vertrag ausgeschlossen werden!

Möchte ich, dass der Beschenkte oder seine Erben das Grundstück wieder an mich zurückgeben müssen, wenn

- der Beschenkte vor mir (bzw. vor mir und meinem Ehegatten) stirbt,

- der Beschenkte das Grundstück veräußern will,

- die Zwangsversteigerung gegen den Beschenkten angeordnet wird,

kann ich diesen Wunsch durch einen Grundbucheintrag absichern lassen (dazu Seite 92). Allerdings: Dann wird kaum eine Bank dem Beschenkten auf das Grundstück auch nur einen Cent leihen, wenn ich mich nicht damit einverstanden erkläre, das Grundpfandrecht zu übernehmen, wenn der Rückübertragungsfall eintritt.

Wenn das Haus der eigenen Altersvorsorge dient

4

Was sind die Vor- und Nachteile einer Übertragung?

In diesem Kapitel geht es um die Frage, ob und unter welchen Sicherungen ein Haus auf Kinder, Enkel oder Dritte übertragen werden soll, welches der Eigentümer in irgendeiner Weise noch selbst nutzen will. Meistens wird er eine Wohnung unentgeltlich weiter bewohnen wollen, eventuell mit Pflegeleistungen oder auch einer Geldrente. Bei landwirtschaftlichen Anwesen waren früher auch Naturalrenten üblich (jährlich eine halbe Sau und täglich ein Liter Milch). Dies soll hier aber nicht mehr erörtert werden. Manchmal will aber der Übergeber auch die Mieten noch einziehen.

Zunächst einmal sei erneut darauf hingewiesen: Es gibt für das Alter keine bessere Sicherheit, als im eigenen Haus zu wohnen. Zwar werden anschließend die einzelnen Sicherheiten, die sich der Übergeber vorbehalten könnte, erörtert. Diese Sicherheiten sind aber immer geringeren Wertes als Eigentum. Eine Übertragung ausschließlich zur Steuerersparnis sollte – wenn überhaupt – nur nach Beratung mit einem Steuerberater, welchen der Übergeber (und nicht der Übernehmer!) auswählt, erfolgen.

Allerdings kann eine Situation eintreten, welche die Übergabe ratsam oder vielleicht sogar unausweichlich macht:

- Dringende Reparaturen sind erforderlich, aber der Eigentümer hat kein Geld. Der Enkel will die Reparaturen vornehmen lassen. Nur so kann der bisherige Eigentümer eine Wohnung in angemessenem Zustand behalten und weiter bewohnen.

- Der Eigentümer ist erheblich pflegebedürftig. Während sich die Tochter um nichts kümmert, wollen Sohn und Schwiegertochter den Eigentümer so lange wie möglich in seiner bisherigen Wohnung pflegen. Dafür müssen sie aber ihre Mietwohnung aufgeben und zum Vater/Schwiegervater ziehen. Sie sollen als Gegenleistung das Haus bekommen.

■ Der Sohn übernimmt den elterlichen Betrieb. Da hier fachkundige Beratung unverzichtbar ist, wird dieser Fall nicht erörtert. Die ab Seite 78 behandelten Risiken können aber auch hier auftreten.

Wichtig: Bevor nun gleich die Übertragung des Hauses erwogen wird, sollte überlegt werden, ob das berechtigte Verlangen auf eine Absicherung desjenigen, der die Leistungen vornehmen will, nicht auf andere Weise erfolgen könnte.

In Betracht käme zunächst einmal ein Erbvertrag, in welchem derjenige, der das Haus erhalten soll, insoweit zum Erben eingesetzt wird. Je nach den Umständen des Einzelfalles (und Beratung durch den Notar) also als Alleinerbe, als Miterbe mit einer Teilungsanordnung oder – nicht empfehlenswert – als Vermächtnisnehmer. An diesen Erbvertrag ist der Übergeber grundsätzlich gebunden. Er kann sich jedoch ein Rücktrittsrecht für den Fall vorbehalten, dass der künftige Erbe die versprochenen Leistungen (z. B. Reparaturen, Pflegeleistungen) nicht vornimmt.

Auch der künftige Übernehmer muss für den Fall abgesichert werden, dass er die versprochene Leistung korrekt erbringt. Zunächst einmal dem Übergeber gegenüber, der zwar den Erbvertrag nicht widerruft, aber z. B. das Haus verkaufen kann. Sodann gegenüber anderen Pflichtteilsberechtigten und gegenüber dem Sozialamt. In Betracht käme z. B. der Eintrag einer mit dem Tod des Großvaters fälligen Sicherungshypothek in Höhe der vom Enkelkind aus eigenem Vermögen aufgewendeten Renovierungskosten oder die Vereinbarung einer monatlichen Vergütung für die Pflegeleistung, fällig im Todesfall und abgesichert durch eine Grundschuld oder Höchstbetragshypothek. All dies bedarf einer eingehenden Beratung beim Notar, bei welchem der Erbvertrag geschlossen werden soll.

Wichtig: Gegenüber dem Sozialamt gibt es keine bessere Sicherheit, als die Übertragung des Hauses vorzunehmen und zehn Jahre zu überleben. Nur in diesem Fall könnte das Enkelkind das Haus ohne grundsätzliche Zahlungspflicht an das Sozialamt erwerben. Besteht die Absicherung (nur) im Erbvertrag und einer Grundschuld/Sicherungshypothek, muss das Haus später verkauft – vielleicht sogar versteigert – werden, wenn der Großvater doch noch Sozialhilfe in Anspruch nehmen musste und das Enkelkind sich mit dem Sozialamt nicht einigen kann. Zwar erhält das Enkelkind dann aus dem Kaufpreis das für ihn gesicherte Geld mit Rang vor dem Sozialamt, aber das Haus ist weg.

Entschließt sich aber der Eigentümer, das Haus doch zu Lebzeiten zu übertragen, stellt sich die wichtige Frage nach der Absicherung seines „Vorbehaltes".

Wie sichert man sich am besten ab?

Nießbrauch (§§ 1030 ff. BGB)

Was bedeutet „Nießbrauch"?

Wird das Haus unter Vorbehalt eines Nießbrauches für den Übergeber übertragen, so bedeutet dies, dass der Übergeber zwar nicht mehr Eigentümer ist, aber eigentumsähnliche Rechte behält. Allerdings auch eigentumsähnliche Pflichten, soweit diese nicht dem neuen Eigentümer aufgelastet werden können und im Übergabevertrag ihm aufgelastet werden.

Der Nießbraucher kann also das Haus, wie bisher üblich, nutzen. Er kann also selbst eine Wohnung für sich behalten und die anderen Wohnungen vermieten, wobei ihm auch die Miete zusteht. Er kann jedoch nicht die bisherige Nutzung des Grundstücks wesentlich verändern, wenn der neue Eigentümer nicht zustimmt, also z. B. die bisherige Schreinerwerkstatt zu einer Gaststätte umbauen.

Eine grundsätzliche Verpflichtung, dem Eigentümer eine Wohnung einzuräumen, besteht nicht. Dies kann aber im Übergabevertrag oder auch später einvernehmlich geregelt werden und hat dann die Qualität eines Mietvertrages, gehört also nicht zum Inhalt des

Nießbrauchsrechtes. Somit kann er den Eigentümer unter den gleichen Umständen aus der Wohnung setzen, wie dies gegenüber einem Mieter möglich wäre. Erfolgt die Regelung im Übergabevertrag, ist darauf zu achten, dass diese Absprache von der eigentlichen Bestellung des Nießbrauchs deutlich unterschieden wird – aber das weiß der Notar! Der Nießbraucher kann z. B. dem Übernehmer gestatten, auf dem Grundstück einen Anbau vorzunehmen, um darin selbst zu wohnen. Obwohl sich formell der Nießbrauch dann auch auf diesen Anbau erstreckt, soll der Übernehmer nach Ansicht des BFH dennoch für den Anbau die Eigenheimzulage erhalten können, wenn die übrigen Voraussetzungen vorliegen.

Pflichten des Nießbrauchers

Der Nießbraucher muss alle für das Haus üblichen Versicherungen abschließen und bezahlen, also z. B. eine Brandversicherung und eine Haushaftpflichtversicherung. Gewöhnliche Reparaturen muss er selbst tragen, ebenso die laufenden öffentlichen Lasten (insbesondere Grundsteuer). Dies muss er auch dann, wenn die Einnahmen aus dem Haus hierzu nicht ausreichen. Die einmaligen öffentlichen Lasten (z. B. Anliegerkosten) muss der Eigentümer tragen. Da zu ihrer Zahlung eine gesetzliche Pflicht besteht, hat der Nießbraucher einen Ersatzanspruch gegen den Eigentümer, wenn er an dessen Stelle zahlt (z. B. um die Zwangsversteigerung durch die Gemeinde abzuwenden).

Pflichten des Eigentümers

Ein Risiko besteht darin, dass der Eigentümer zwar verpflichtet ist, die außergewöhnlichen Aufwendungen für das Haus (z. B. Beseitigung von Sturmschäden) zu tragen, aber nicht verpflichtet ist, diese Reparaturen auch vorzunehmen. Dies mag anders sein, wenn mit den Prämien des Nießbrauchers der Schaden durch eine Versicherung gedeckt ist. Anderenfalls darf zwar der Nießbraucher die erforderlichen außerordentlichen Reparaturen selbst vornehmen lassen, hat aber schlechte Karten beim Versuch, seine Aufwendungen vom Eigentümer zurückzuverlangen. Erfolg damit hat er nur, wenn der Eigentümer der Reparatur ausdrücklich zugestimmt hat oder wenn er gesetzlich verpflichtet gewesen wäre (Baupolizei), die Reparatur vorzunehmen. Man kann vereinbaren, dass der Eigentümer dem Nießbraucher gegenüber verpflichtet ist, erforderliche Reparaturen vorzunehmen; jedoch gilt diese Vereinbarung nur zwischen den Vertragsparteien, also nicht mehr, nachdem der Eigentümer das Haus verkauft hat.

Der Eigentümer kann sich gegen den Nießbraucher durch Klage wehren, wenn dieser seine Rechte zum Schaden des Eigentums überzieht oder seinen Verpflichtungen nicht nachkommt. Ebenso kann der Nießbraucher den Eigentümer vom Grundstück verweisen, soweit er seine verbliebenen Rechte überschreitet.

Was sonst noch wichtig ist

Der Nießbrauch endet mit dem Tod des Berechtigten. Oft wird er für Eheleute bestellt. In diesem Fall soll man darauf achten, dass die beiden Ehegatten als Gesamtberechtigte gemäß § 428 BGB bestimmt und auch so ins Grundbuch eingetragen werden. Nur so ist gewährleistet, dass nach dem Tod des Erstversterbenden der Überlebende ohne weiteres Alleinberechtigter aus dem Nießbrauch wird.

Der übernommene Nießbrauch gilt bei der Berechnung der Schenkungsteuer nicht als „Belastung". Wie die Berechnung erfolgt, steht auf Seite 119 ff.

Wird der Berechtigte sozialhilfebedürftig, kann das Sozialamt die Ansprüche aus dem Nießbrauch zur Deckung der Aufwendungen überleiten, ohne dass der Eigentümer zustimmen muss. Es kann also z. B. die Mieten vermieteter Wohnungen einziehen. Steht fest, dass der Nießbraucher dauernder Heimpflegebedürftigkeit bedarf, kann sogar die Auflösung seiner bisherigen Wohnung und deren Vermietung in Betracht kommen. Weiter ist zu beachten, dass die 10-Jahres-Frist für die Rückgabe der Schenkung nicht beginnt, wenn die Schenkung unter Nießbrauchsvorbehalt erfolgt ist.

Der Nießbrauch wird gewöhnlich in einer notariellen Urkunde vereinbart, wobei alle Absprachen festgehalten werden. Es ist üblich, dies zusammen mit der Hausübergabe zu beurkunden. Sodann veranlasst der Notar die Eintragung im Grundbuch. Dabei wird meist vermerkt, dass zur Löschung des Nießbrauchs im Grundbuch der Todesnachweis des/der Berechtigten genügt. Das ist ohne Risiko für den Nießbraucher.

Wie man nach dem Tod des Nießbrauchsberechtigten das Nießbrauchsrecht im Grundbuch wieder löscht, steht auf den Seiten 134 und 139.

> **Praxis-Tipp:**
>
> ■ Der Nießbraucher behält alle wichtigen Rechte im Haus; er kann darin wohnen und die Mieten einziehen. Der Eigentümer hat keinen Anspruch darauf, im Haus zu wohnen, wenn dies nicht vereinbart (Mietvertrag) ist.
>
> ■ Im Normalfall trägt der Nießbraucher die gewöhnlichen Reparaturen sowie die laufend wiederkehrenden „Hauslasten" (Versicherungen, Grundsteuer) und die Betriebskosten.
>
> ■ Der Eigentümer ist nicht grundsätzlich verpflichtet, das Haus wieder aufzubauen oder zu reparieren, wenn es unbewohnbar wird. Das kann zwar vereinbart werden, wirkt dann aber nicht ohne weiteres gegen einen Käufer, wenn der Eigentümer das Haus verkauft.

Wohnungsrecht (§ 1093 BGB)

Inhalt des Wohnungsrechtes

Sehr häufig behält sich der Ersteher das Recht vor, eine ganz bestimmte Wohnung zu nutzen. Es kann dies auch das ganze Haus sein. Bezieht sich das Wohnungsrecht nur auf einzelne Räume im Haus, ist darauf zu achten, dass diese ganz genau bezeichnet werden. Außerdem wird dann bestimmt, dass der Berechtigte jene Teile des Hauses mitbenutzen darf, die er benötigt, um die Wohnung betreten und benutzen zu können, also z. B. den Flur, die Treppe, die gemeinsamen Versorgungsleitungen und bei sehr alten Häusern auch z. B. die Toilette, wenn in seiner Wohnung keine vorhanden ist. Soweit dies möglich ist, sollte man – um Streit zu vermeiden – getrennte Uhren für Strom und Gas sowie für Wasser eventuell Zwischenzähler einbauen lassen. Diese Investitionen lohnen sich! Mitbenutzung eines Gartens kann vereinbart werden.

Gegenseitige Rechte und Pflichten

Der Wohnungsberechtigte muss für die Wohnung als solche nur dann Miete an den Eigentümer zahlen, wenn dies ausdrücklich vereinbart ist. Die vorgenannten Verbrauchskosten muss er allerdings mangels gegenteiliger Vereinbarung selbst tragen. Auch muss er sich an den Betriebskosten der mitbenutzten Gemeinschaftsanlage beteiligen, falls nichts anderes vereinbart ist.

Anders als beim Nießbrauchsrecht treffen alle öffentlichen Lasten den Eigentümer, ebenso die Versicherungen.

Das Wohnungsrecht wird vom Gesetz als „beschränkte persönliche Dienstbarkeit" bezeichnet. Dies bedeutet, dass den Eigentümer nur Duldungspflichten, aber keine Leistungspflichten treffen. Dennoch geht die Rechtsprechung davon aus, dass der Eigentümer jene Anlagen betriebsfähig erhalten muss, welche laut Vertrag vom

Wohnungsberechtigten mitbenutzt werden dürfen. Trotz mehrerer Gerichtsentscheidungen[1] ist dies immer noch umstritten, da es dem Wesen der Dienstbarkeit widerspricht. Im Übrigen muss der Wohnungsberechtigte die gewöhnlichen Unterhaltungskosten des Hauses tragen, wenn sich das Wohnungsrecht auf das ganze Haus erstreckt. Erstreckt sich das Wohnungsrecht nur auf einen Anteil, haftet er auch nur auf einen Anteil

Es ist daher unbedingt erforderlich, Folgendes ausdrücklich im Vertrag zu regeln (§ 1021 BGB) und – soweit rechtlich möglich – zum Inhalt des Wohnungsrechtes zu machen, damit es auch beim Verkauf des Hauses gegen den neuen Eigentümer wirkt:

- Verpflichtung des Eigentümers, die gewöhnlichen Unterhaltungskosten des Hauses und der gemeinschaftlich benutzten Anlagen mit Einschluss der Reinigung und Beleuchtung der Flure und des Treppenhauses zu tragen. Dabei können die Schönheitsreparaturen in der Wohnung dem Wohnungsberechtigten zugewiesen werden.

- Verpflichtung des Eigentümers, auch außergewöhnliche Reparaturen vorzunehmen, wenn und soweit dies zur Ausübung des Wohnungsrechtes erforderlich ist. Der Eigentümer ist grundsätzlich nicht verpflichtet, das Haus wieder aufzubauen, wenn es z. B. abbrennt. Dies kann zwar vereinbart werden, wird aber nicht zum Inhalt des Rechtes, bindet also nicht den Käufer der Brandruine. Wird das Haus wieder aufgebaut, muss sich aus den Umständen ergeben, ob der Berechtigte wieder Anspruch auf Einräumung eines Wohnungsrechtes hat.

- Wer trägt die Hausnebenkosten (Wasser, Abwasser, Müllabfuhr), soweit sie nicht über getrennte Uhren separat abgerechnet werden können?

---

[1] BGH in BGHZ 52, 234 und OLG Düsseldorf in Rechtspfleger 1995, 248.

■ An sich trägt der Eigentümer das Haftungsrisiko für das Haus. Wird dieses Risiko durch Vereinbarung dem Wohnungsberechtigten übertragen (Großvater kehrt die Straße), muss dessen Haftung versichert werden!

Verletzt der Eigentümer seine Verpflichtungen, kann sich der Wohnungsberechtigte durch Klage wehren. Benimmt sich der Wohnungsberechtigte in seiner Wohnung in einer Weise, dass er die Mitbewohner unzumutbar belästigt oder die Sicherheit des Hauses gefährdet, kann der Eigentümer ihm dies durch Klage verbieten lassen. Notfalls kann das Gericht sogar die Räumung anordnen. Damit erlischt aber nicht automatisch das Wohnungsrecht. Bei nachhaltiger Besserung (z. B. nach einem Entzug) darf er trotz des Urteils wieder in die Wohnung zurück.

Steuerlich gilt auch das übernommene Wohnungsrecht nicht als „Belastung". Wie das Finanzamt die Schenkungsteuer berechnet, steht auf Seite 119 ff.

Übertragung und Beendigung des Wohnungsrechtes

Auch das Wohnungsrecht endet mit dem Tod des Berechtigten. Auch hier kann im Grundbuch eingetragen werden, dass zu seiner Löschung der Todesnachweis genügt. Ob dies erforderlich/möglich ist, weiß der Notar. Wird es für mehrere Personen, z. B. für Eheleute bestellt, sind die Ausführungen auf Seite 68 zu beachten.

Das Wohnungsrecht als solches kann nicht auf Dritte übertragen werden. Der Wohnungsberechtigte kann ohne Zustimmung des Eigentümers zwar seine Familie (hierzu zählt man heute auch den Lebensgefährten, aber das sollte man besser ausdrücklich vereinbaren!) und eine zu seiner Pflege bestimmte Person aufnehmen. Anders als beim Mietrecht haben die von ihm aufgenommenen Personen nach seinem Tod keinen Anspruch auf Verbleib in der Wohnung. Vermieten darf er die Wohnung nur, wenn dies vereinbart ist oder wenn es der Eigentümer nachträglich gestattet. Dies hat Folgen, wenn der Wohnungsberechtigte auf Kosten des Sozialamts in ein Pflegeheim geht. Ist die Vermietung nicht vertraglich gestattet, kann das Sozialamt die Wohnung ohne Zustimmung des Eigentümers nicht räumen und vermieten. Auch der Eigentümer darf sie nicht nutzen; sie steht dann eben leer. Nutzt sie aber der Eigentümer mit Zustimmung des Wohnungsberechtigten, kann das Sozialamt u. U. hierfür Zahlungen verlangen.

Auch das Wohnungsrecht wird üblicherweise zusammen mit der Hausübergabe beim Notar vereinbart. Hierbei soll der Übergeber genau darauf achten, dass alles beurkundet wird, was vereinbart wurde. Das Wohnungsrecht wird sodann im Grundbuch eingetragen.

Wie man das Wohnungsrecht nach dem Tod des Berechtigten im Grundbuch wieder löscht, steht auf den Seiten 134 und 139.

Altenteil

Was bedeutet das?

Der Begriff, der viele Namen hat (Leibgeding, Auszug, Austrag u. a.) stammt aus dem bäuerlichen Bereich, ist aber nicht auf diesen begrenzt. Gedacht ist daran, dass sich ein bisheriger Inhaber einer wirtschaftlichen Einheit (Landgut, Handwerksbetrieb) aus dieser zurückzieht, um dem Übernehmer zumindest teilweise eine wirtschaftliche Existenz zu ermöglichen, für sich selbst aber auch eine wirtschaftliche Sicherung des Alters vorzubehalten. Man spricht hier vom „echten Altenteil". Zwar ist ein Altenteil grundsätzlich auch an einem Wohngrundstück möglich. Es sollte jedoch mit dem Notar eingehend erörtert werden, ob im Einzelfall die Sicherungsrechte nicht besser getrennt eingetragen werden. Für ein Altenteil, das vorstehender Erklärung entspricht, gelten eine Reihe landesgesetzlicher Regelungen, welche hier nicht erörtert werden können. Das Altenteil genießt dann gemäß § 9 EGZVG einen gewissen – wenn auch sehr dürftigen – Schutz, wenn das Haus zwangsversteigert wird. Auf diesen Schutz soll man sich auch dann besser nicht verlassen, wenn Übernehmer und Notar den Übergeber unter Hinweis auf diesen Schutz zum Verzicht auf Sicherungsmaßnahmen veranlassen wollen.

Im Grundbuch werden häufig Rechte als „Altenteile" eingetragen, die in Wirklichkeit keine sind, weil die vorgenannten Voraussetzungen nicht vorliegen. Hierbei wird lediglich eine vom Gesetzgeber erlaubte Vereinfachung für die Eintragung benutzt. Diese „unechten Altenteile" genießen nicht den im Landesrecht vorgesehenen Schutz und sind in Wirklichkeit nichts anderes als eine zulässige Zusammenfassung von Wohnrecht und Reallast in einem Grundbucheintrag. Allerdings – der vorgenannte geringe Schutz im Falle der Zwangsversteigerung wird allgemein auch dem unechten Altenteil gewährt, da das Gericht nicht nachprüfen kann, ob ein echtes oder unechtes Altenteil vorliegt.

Im Übrigen kann die nachstehend bezeichnete Reallast auch allein, also ohne Wohnungsrecht, bestellt werden. Das kommt aber selten vor.

Inhalt des Altenteils

Das Altenteil setzt sich normalerweise aus zwei Komponenten zusammen, welche der Gesetzgeber als „beschränkte persönliche Dienstbarkeit" und „Reallast" bezeichnet. Konkret wird meist Folgendes vereinbart:

- ein Wohnungsrecht (beschränkte persönliche Dienstbarkeit), d. h. also eine Duldungspflicht des Eigentümers. Für dessen Inhalt wird auf Seite 70 bis 73 Bezug genommen.

- eine Reallast, also die Pflicht des Eigentümers, etwas zu leisten. Dabei kann vieles vereinbart werden. Meist wird eine Pflegeverpflichtung vereinbart (z. B. Kochen, Putzen, Waschen, Arzt anrufen, Arzneimittel holen). Denkbar sind auch wiederkehrende Geld- oder Sachleistungen (monatlich

50 EUR, jede Woche ein dreipfünder Kornbrot, täglich einen Liter Milch, jährlich eine halbe Sau).

Mit der Reallast kann aber auch eine Verpflichtung des Eigentümers auf Erhalt des Hauses vereinbart werden, die er allein auf Grund des Wohnungsrechtes nicht hätte. Einzelheiten dazu weiß der Notar.

Kommt der Eigentümer seiner Verpflichtung aus der Reallast nicht nach, kann der Übergeber gegen ihn klagen. Bleibt der Übernehmer eine Geldrente schuldig oder erbringt er eine versprochene Leistung (z. B. Pflege) nicht, könnte der Berechtigte des Altenteils gegen ihn auf Zahlung der Geldrente oder einen Wertersatz für die Leistung klagen und nach gewonnenem Rechtsstreit gegen den Übernehmer vollstrecken (also ihn pfänden lassen). Er könnte sogar „auf Duldung der Zwangsvollstreckung" klagen und das übergebene Grundstück „im Range der Reallast" versteigern lassen. Aber Vorsicht! Dabei erlischt regelmäßig das gesamte Altenteil, weshalb dieser Weg eingehender vorheriger Beratung bedarf!

Man kann auch eine Vormerkung dahingehend eintragen lassen, dass der Übernehmer das Haus zurückgeben muss, wenn er seinen Verpflichtungen nicht nachkommt. Mit Rang hinter einer solchen Vereinbarung leiht kaum eine Bank dem Übernehmer auch nur einen Cent.

Ein Altenteil kann auch für mehrere Personen, insbesondere also für Eheleute, bestellt und so ausgestaltet werden, dass beim Tod des Erstversterbenden der Überlebende alle Rechte allein ausüben kann (Beachten Sie hierzu die Ausführungen auf Seite 68).

Auch das Altenteil wird regelmäßig zusammen mit der Urkunde über die Hausübergabe beim Notar vereinbart und dann im Grundbuch eingetragen. Gleiches gilt für die Reallast, wenn sie separat bestellt wird. Auch beim Altenteil kann eingetragen werden, dass zur Löschung der Todesnachweis des Berechtigten genügt.

Wie man das Altenteil nach dem Tod des Berechtigten im Grundbuch wieder löscht, steht auf den Seiten 134 und 139.

Wenn das Haus der eigenen Altersvorsorge dient

Altenteil und Sozialamt

Auf das mit dem Altenteil verbundene Wohnungsrecht kann das Sozialamt in Normalfall nicht zugreifen, da der Wohnungsberechtigte zur Vermietung der Räume des Wohnungsrechtes nicht berechtigt ist. Muss also der „Altenteiler" ins Pflegeheim, so kann die Wohnung nur vermietet werden, wenn dies so vereinbart war oder der Eigentümer zustimmt. Allerdings – auch der Eigentümer darf sie nicht nutzen; sie steht dann leer. Nutzt er sie (mit Zustimmung des Wohnungsberechtigten), muss er hierfür auch an das Sozialamt zahlen. Gleiches gilt, wenn es sich um ein „echtes Altenteil" handelt (siehe Seite 73) und das Landesrecht für diesen Fall eine Geldrente vorsieht.

Anders ist dies mit der Pflegeleistung. Da der „Altenteiler" die ihm zustehende Pflege ohne sein Verschulden in der Wohnung des Altenteils nicht mehr erhalten kann, hat der Verpflichtete dafür eine Geldsumme zu zahlen. Beim „echten Altenteil" bestimmt manchmal das Landesrecht deren Höhe. Beim „unechten Altenteil" ist die Berechnung sehr streitig. Dabei kommt es nicht zuletzt auf den Umfang der Pflegeverpflichtung an. Manchmal wird der Verpflichtete nur zur eine Entschädigung für die ersparte Zeit verurteilt; gelegentlich verlangt man aber auch eine Rente in Höhe des jeweiligen Betrages der Pflegestufe I.

Muss der Verpflichtete (Eigentümer) Geld- oder Sachleistungen erbringen, kann das Sozialamt diese „überleiten". Auch hier wird es statt Naturalien Geldersatz verlangen können.

Die Absicherung des Vorbehalts

5

Ist der Vorbehalt wirklich sicher?

Wie dargestellt, wird der Vorbehalt meist zusammen mit der Hausübertragung beim Notar beurkundet und dann im Grundbuch eingetragen. Nun meinen viele Leute, dass ein Vorbehalt, der vom Notar beurkundet und im Grundbuch eingetragen wäre, unter allen Umständen sicher sei. Leider ist dies aber nicht der Fall, was bereits viele alte Leute leidvoll erfahren mussten.

Um dies zu verstehen, muss man die Grundzüge des Zwangsversteigerungsrechts und des Grundbuchs kennen.

Kommt ein Eigentümer seinen Verpflichtungen aus einer Hypothek oder einer Grundschuld nicht nach, so kann der Gläubiger – meist eine Bank – die Zwangsversteigerung des Hauses beantragen. Ob dann der Vorbehalt (Nießbrauch, Wohnungsrecht, Altenteil, Reallast) erhalten bleibt und vom Ersteigerer übernommen werden muss, hängt davon ab, welchen Rang das Grundpfandrecht (Hypothek oder Grundschuld) hat. Und dann geht es wie folgt weiter:

- Hat das Grundpfandrecht einen schlechteren Rang als der Vorbehalt, bleibt der Vorbehalt bestehen. Wer das Haus ersteigert, muss also alles dulden, was für den Übergeber eingetragen worden ist. Gegebenenfalls muss er sogar die Pflegeleistung erbringen. Die Praxis zeigt, dass ein solches Haus keinen Bieter findet; allenfalls wird es von Angehörigen billig ersteigert.

- Hat aber das Grundpfandrecht einen besseren (oder den gleichen) Rang wie der Vorbehalt, wird dieser durch die Versteigerung im Grundbuch gelöscht und der Berechtigte kann seine Koffer packen und ausziehen. Er ist dann schlechter geschützt als ein Mieter, den man heute nicht mehr ohne weiteres aus dem Haus bekommt. Soweit der Versteigerungserlös reicht, erhält er noch eine Geldabfindung in Form einer „Rente", was aber nur selten der Fall ist.

Achtung: Auch ein notariell vereinbarter Vorbehalt ist trotz Eintragung im Grundbuch nichts mehr wert, wenn ihm ein Grundpfandrecht im Range vorgeht und aus diesem die Zwangsversteigerung betrieben wird, weil der Eigentümer keine Zahlungen geleistet hat.

Letztlich kann ein Laie kaum verbindlich feststellen, ob dem Vorbehalt ein Grundpfandrecht vorgehen wird. Der Notar muss also gefragt werden:

- Stehen noch Grundpfandrechte im Grundbuch offen, die nicht gelöscht werden sollen?

- Soll gleichzeitig mit der Übergabe ein Grundpfandrecht mit Rang vor dem Vorbehalt eingetragen werden?

- Soll ein „Rangvorbehalt" eingetragen werden, welcher dem Übernehmer die spätere Eintragung eines Grundpfandrechtes mit Rang vor dem Vorbehalt erlaubt? Beachten Sie auch die Ausführungen auf Seite 108.

Auch die so genannten „öffentlichen Lasten des Grundstückes" stellen ein Risiko dar, da sie einen im Grundbuch nicht eingetragenen Rang haben, der kraft Gesetzes immer besser ist als jener des Vorbehalts. Solche Lasten sind insbesondere die Grundsteuer, auch künftig fällig werdende Kosten für Straße, Bürgersteig, Kanal etc., in seltenen Fällen auch Wasser/Abwasser, nicht aber normale Steuerschulden des Eigentümers. Dieses Risiko ist unvermeidbar, aber auch nicht besonders gefährlich. Der Nießbraucher muss ohnehin einen Teil dieser Aufwendungen selbst bezahlen (siehe Seite 67). Im Übrigen sind diese Beträge meist nicht so hoch, dass sie nicht vom Übergeber zur Not abgelöst werden könnten, worauf er dann von einem zahlungspflichtigen Übernehmer sein Geld (notfalls durch Klage) zurückverlangen kann. Gleiches gilt für den Erbbauzins, wenn ein Erbbaurecht übertragen wird. Für solche Fälle sollte sich der Übergeber eine finanzielle Rücklage erhalten, wenn dies möglich ist (also nicht alles erübrigte Geld den Kindern/Enkelkindern schenken!).

Im Grundbuch eingetragene Duldungspflichten (z. B. Wegerecht oder Fensterrecht für den Nachbarn) gefährden den Vorbehalt dagegen regelmäßig nicht und können stehen bleiben.

Wie man den Untergang des Vorbehaltes vermeiden oder doch wenigstens das Risiko einschränken kann, wird in den nächsten Abschnitten genau erklärt.

Risiken erkennen und ausschließen

Der Vorbehalt ist also nur dann sicher, wenn ihm kein Grundpfandrecht im Range vorgeht. Ob dies der Fall ist, kann ein Laie aus dem Grundbuch nicht ohne weiteres ersehen. Der Übergeber ist auf die verbindliche Auskunft des Notars angewiesen.

Nun kann es sein, dass anlässlich der Übergabe im Grundbuch noch Grundpfandrechte entdeckt werden, welche keine Forderung mehr sichern, weil diese längst bezahlt ist. Sie sind dennoch gefährlich! Die Übergabe sollte nicht erfolgen, wenn nicht vorher oder gleichzeitig diese Grundpfandrechte gelöscht werden. Lassen Sie sich nicht überreden, diese Rechte – für künftige Fälle – stehen zu lassen, um Kosten zu sparen. Die Kosten für die Löschung müssen aufgebracht werden; es geht schließlich um die Sicherheit des Vorbehaltes! Was man unternehmen muss, um solche Rechte zu löschen, weiß der Notar. Beachten Sie auch die Ausführungen auf Seite 129 ff.

Es muss nach Möglichkeit vermieden werden, dass der Übernehmer mit Rang vor dem Vorbehalt Geld aufnehmen kann. Eine solche vorrangige Geldaufnahme könnte wie folgt geschehen:

- Es wird zusammen mit der Übergabe ein Grundpfandrecht für die Bank bestellt.

- Es wird eine Klausel in den Übergabevertrag aufgenommen, wonach der Übergeber vor seinem Vorbehalt einen Rangvorbehalt bewilligt. Dies bedeutet, dass der Übernehmer später – aber mit Rang vor dem Vorbehalt – ein Grundpfandrecht eintragen lassen darf (siehe Seite 108).

■ Der Übernehmer oder seine Bank drängen den Übergeber dazu, später einer Rangänderung zuzustimmen. Dies bedeutet, dass nachträglich – aber mit Vorrang vor dem Vorbehalt – ein Grundpfandrecht eingetragen wird. Dies geht nur mit Zustimmung des Berechtigten, der deshalb erneut zum Notar geschleppt werden muss.

In allen drei Fällen ist der Vorbehalt in Gefahr. Kommt der Eigentümer (Übernehmer) gegenüber seiner Bank in Verzug und es kommt schließlich zur Zwangsversteigerung, muss der Übergeber damit rechnen, alle Rechte aus dem Vorbehalt zu verlieren.

Praxis-Tipp:

■ Nach Möglichkeit sollten Sie keine Hausübergabe vornehmen, wenn der Übernehmer Geld aufnehmen und dafür das Haus belasten muss oder wenn noch ungedeckte Verbindlichkeiten vorhanden sind, welche der Übernehmer nicht sofort mit erspartem Geld ablösen kann.

■ Vom Übernehmer sollten keine sofortigen Herauszahlungen an andere Kinder verlangt werden, welche dieser nicht aus eigenen Mitteln bestreiten oder ohne Belastung des Hauses besorgen kann.

Hat der Übernehmer kein Geld – und auch keinen Kredit ohne Belastung des Hauses – sollte an eine andere Regelung gedacht werden. In Betracht käme z. B. die Verpflichtung, kurze Zeit nach dem Tod des Übergebers den anderen eine Herauszahlung in bestimmter Höhe zu leisten, wobei man diese Verpflichtung für den Übergeber risikolos mit Rang hinter dem Vorbehalt sichern kann.

Achtung: Hier droht bei beabsichtigter künftiger Vermietung ein Steuerproblem, das Beratung erforderlich macht. Beachten Sie hierzu die Ausführungen auf Seite 97.

Eine weitere Möglichkeit wäre, dem Übernehmer eine monatliche Zahlung an die anderen aufzulasten, die er aus seinem Einkommen bestreiten kann. Auch das könnte durch eine Grundschuld, eine Höchstbetragshypothek oder eine Reallast am Grundstück mit Rang hinter dem Vorbehalt gesichert werden. Einzelheiten weiß der Notar.

Auch wenn der Übernehmer in wirtschaftliche Schwierigkeiten kommt, muss der Übergeber der Versuchung widerstehen, ihm durch eine Rangänderung zu helfen. Folgendes ist zu bedenken: Gelingt die Sanierung nicht, sind Haus und Vorbehalt verloren. Bewilligt der Übergeber aber keine Rangänderung, so wird die Bank wahrscheinlich keinen Erwerber für das Haus finden, solange der Vorbehalt besteht. Somit bleibt das Haus erhalten. Und wenn es doch versteigert werden sollte, muss der Erwerber/Ersteigerer den Vorbehalt dulden.

Um noch einmal darzustellen, welches Risiko der Übergeber eingeht, wenn er die vorgenannten Risiken unbeachtet lässt, sei ein Fall aus der Praxis geschildert.

Beispiel: _____

Die Eheleute haben in über 30-jähriger Ehe ein großes Haus mit mehreren Wohnungen gebaut und abbezahlt. Kinder/Enkelkinder haben sie nicht. Nach dem Tod des Ehemannes ist die Witwe alleinige Eigentümerin des Hauses, in welchem sie auch wohnt. Das Haus hat einen Verkehrswert von 800 000 EUR und einen Steuerwert von ungefähr 650 000 EUR. Die Witwe lässt sich gegen den Rat ihr nahe stehender Personen und ihrer Neffen/Nichten von einem entfernten Verwandten überreden, ihm das Haus für 400 000 EUR und einem lebenslänglichen Wohnungsrecht für sie zu übertragen. Da der Übernehmer keinerlei Kredit hat und den Kaufpreis bei „seiner Hausbank" finanzieren will, stimmt die Übergeberin zu, dass hierfür mit Rang vor dem Wohnungsrecht eine Grundschuld eingetragen wird. Anschließend belastet der Übernehmer das Haus mit Rang nach dem Wohnungsrecht – wozu er keine Zustimmung der Wohnungsberechtigten benötigt! – mit einer Grundschuld über 300 000 EUR für seinen Geschäftspartner. Sodann kassiert er die Mieten und denkt nicht im Traum daran, das aufgenommene Darlehen bei der Bank zu tilgen, weshalb diese die Zwangsversteigerung des Hauses beantragt. Die Zwangsversteigerung erfolgt unter der gesetzlich zutreffenden Bedingung, dass das Wohnungsrecht erlischt. Der Versuch des Rechtspflegers, das Wohnungsrecht über eine landesrechtliche Sonderregelung zu retten, schlägt fehl, da niemand bereit ist, auf das Haus mit Wohnungsrecht zu bieten. Das Haus wird zu 750 000 EUR zugeschlagen und die Übergeberin muss sofort ausziehen. Dieser Betrag wird nun wie folgt verteilt: Gerichtskosten und Forderung der Bank für Kapital und Zinsen etwa 450 000 EUR. Als Deckungskapital für das Wohnungsrecht hinterlegt das Gericht unter Berücksichtigung der Lebenserwartung der Übergeberin und dem Mietwert der Wohnung 75 000 EUR. Der Rest geht an den Geschäftspartner.

Nun hätte der Übergeberin als Ersatz für das verlorene Wohnungsrecht eine vierteljährliche Rente von 1 500 EUR aus dem Deckungskapital zugestanden. Zur Auszahlung bedarf es aber der Zustimmung des Übernehmers, der diese verweigert. Somit bleibt das Geld hinterlegt und die Übergeberin muss den Übernehmer auf Zustimmung verklagen. Nach 18 Monaten hatte sie den Prozess gewonnen und bekommt nun die Rente nachgezahlt. Gerichts- und Anwaltskosten muss sie selbst tragen, da beim Übernehmer nichts mehr zu holen ist.

Und jetzt meldet sich auch noch das Finanzamt. Es erklärt den Verkauf unter Verkehrswert als „gemischte Schenkung" (siehe Seite 31) und fordert von der Übergeberin aus der Differenz zwischen Steuerwert und Kaufpreis die Zahlung der Schenkungsteuer, weil der Übernehmer zahlungsunfähig ist. Die Übergeberin stirbt alsbald aus Gram über ihre Unvorsichtigkeit und ihren Erben – den Neffen und Nichten – verbleibt so gut wie kein Geld, nachdem sie alles bezahlt haben. Den beim Tod noch vorhandenen Rest des vorgenannten Deckungskapitals bekommen nicht etwa die Erben, sondern der Geschäftspartner für seinen „Ausfall".

Ein ganz anderes Risiko besteht darin, dass das Haus unbewohnbar wird, z. B. nach einem Brand. Grundsätzlich ist der neue Eigentümer zum Wiederaufbau und erneuter Einräumung des Nießbrauchs oder Wohnungsrechtes nicht verpflichtet, wenn dies nicht ausdrücklich vereinbart ist. Ob dies anders ist, wenn das Haus gegen das fragliche Risiko versichert war, sei dahingestellt. In jedem Fall sollte man eine solche Verpflichtung im Übergabevertrag vorsehen, auch wenn dies nicht gegen spätere Eigentümer wirken sollte.

Nachteil: Grundpfandrecht mit Rang vor dem Vorbehalt

Kaum eine Bank wird dem Übernehmer auch nur einen Cent leihen, wenn er kein Grundpfandrecht mit Rang vor dem Vorbehalt bestellen kann. Muss also unbedingt Geld aufgenommen werden, ist der Vorbehalt grundsätzlich in Gefahr und seine Sicherheit hängt davon ab, ob der Übernehmer die Verpflichtung gegenüber der Bank dauerhaft erfüllt oder nicht. Nach der hier vertretenen Auffassung sollte eine solche Kreditaufnahme mit Rang vor dem Vorbehalt nur erfolgen, wenn dringende Reparaturen am Haus vorzunehmen sind, welche weder der Übergeber noch der Übernehmer ohne Kredit bezahlen kann.

In diesem Fall sollen aber alle Möglichkeiten ausgeschöpft werden, das Risiko zu mindern. Hierbei steht im Vordergrund die Sorge des Übergebers, dass der Kredit nur für den gebilligten Zweck verwendet wird. Auch hier gilt: Vertrauen ist gut, Kontrolle ist besser:

- Ist die Bank mit einer Kreditsicherung für das Darlehen durch eine Hypothek einverstanden, bedeutet dies für den Übergeber ein geringeres Risiko als eine Grundschuld. Das ist für Laien schwer verständlich (wird aber auf Seite 124 erklärt); die Bank weiß es natürlich und wird voraussichtlich eine Grundschuld verlangen. Wird ausnahmsweise doch eine Hypothek als Sicherheit eingetragen, muss der Übergeber darauf bestehen, dass zu seinen Gunsten zum Schutz des Vorbehalts eine Löschungsvormerkung (§ 1179 BGB) eingetragen wird. Dies bedeutet: Er kann die Löschung der Hypothek verlangen, wenn das Darlehen zurückgezahlt ist.

- Bei einer Grundschuld ist die Sache schwieriger: Hier muss sich der Berechtigte den so genannten „Rückgewähranspruch" abtreten lassen. Das heißt, dass er deren Löschung verlangen kann, wenn die Grundschuld als Darlehenssicherheit nicht mehr benötigt wird. Gleichzeitig muss die Bank damit einverstanden sein, dass bei Fälligkeit des Rückgewähranspruchs die Bewilligung der Löschung und nicht nur der Verzicht auf die Grundschuld verlangt werden kann (warum dies wichtig ist, wird auf Seite 127 erklärt). Und schließlich muss der neue Eigentümer sogleich in der Übernahmeurkunde seine Zustimmung zur späteren Löschung erteilen, sobald die Bank diese bewilligt. Die Rückgewähr- und Löschungspflicht sollte durch eine Vormerkung gemäß §§ 883, 888 BGB im Grundbuch gesichert werden. Es ist gut möglich, dass der Notar erklärt, das habe er noch nie gemacht. Nicht darauf einlassen! Sicher ist sicher!

■ Unter Einschränkung der allgemein üblichen Sicherungsabrede sollte mit der Bank vereinbart werden, dass die Grundschuld nur zur Sicherung des Darlehens verwendet werden darf und somit nach dessen Tilgung die Rückgewähr fällig wird. Außerdem, dass der Berechtigte des Vorbehaltes das Darlehen ablösen darf, ohne hierzu verpflichtet zu sein. Warum? Anderenfalls kann der Eigentümer nach Tilgung des Darlehens andere Schulden – z. B. Geschäftsschulden – mit der Grundschuld absichern. Bei einer Hypothek geht das zwar nicht ohne weiteres, aber auch dort sollte man diese Absprache treffen.

■ Schließlich soll mit der Bank vereinbart werden, dass das Darlehen (für die Renovierung) nur nach „Baufortschritt" ausgezahlt wird. Bei Neubauten geschieht dies ohnehin im Interesse der Bank; also kann sie es auch in diesem Fall zusagen. Und der Eigentümer muss sich verpflichten, dem Berechtigten des Vorbehaltes die Belege für die Reparaturkosten auf Verlangen vorzulegen.

Wichtig: All dies ist leider nicht üblich. Das Verlangen wird daher Widerspruch auslösen! Lassen Sie sich hiervon nicht beeindrucken. Einen Vorrang zugunsten einer Grundschuld oder einen entsprechenden Rangvorbehalt sollten Sie nur bewilligen, wenn alle diese Voraussetzungen vorliegen. Der Notar wird darüber zwar nicht glücklich sein, aber auf Ihr Verlangen die nötigen Formulierungen vornehmen.

Hat der Übergeber noch genügend Geld oder Kredit, kann er eine drohende Zwangsversteigerung dadurch abwenden, dass er das vorrangige Grundpfandrecht bezahlt. Man nennt dies Ablösung. Die Bank ist dann verpflichtet, das Geld vom Berechtigten des Vorbehaltes anzunehmen, und durch die Annahme des Geldes geht kraft Gesetzes das Grundpfandrecht, aus welchem die Versteigerung betrieben werden sollte, auf den Zahler über. Das Grundbuch wird also unrichtig. Die Bank muss die entsprechenden Unterlagen ausstellen, mit deren Hilfe der Berechtigte des Vorbehalts sich als Gläubiger des Grundpfandrechtes eintragen lassen kann.

Achtung: Es ist aber unbedingt erforderlich, dass bei der Zahlung ausdrücklich erklärt wird, es handele sich um „die Ablösung der Grundschuld". Sie sollten daher in jedem Fall auf den Überweisungsträger schreiben oder bei Barzahlung auf der Quittung bestätigen lassen, dass mit der Zahlung die Grundschuld abgelöst werden soll.

Weigert sich die Bank, unter dieser Bedingung die Zahlung anzunehmen, sollten Sie erst zum Vorstand gehen und – falls auch dieser sich weigert – rechtliche Beratung suchen.

Beispiel:

Michael Reich hat sein Haus im Wert von 300 000 EUR seinem Sohn geschenkt und sich ein Wohnungsrecht vorbehalten. Laut Schenkungsvertrag musste der Sohn seiner Schwester 100 000 EUR ausbezahlen. Der Sohn hat das Geld bei der Stadtsparkasse als Kredit aufgenommen und dafür der Sparkasse mit Rang vor dem Wohnungsrecht eine Grundschuld bestellt und sodann die Schwester ausbezahlt.

Die Geschäfte des Sohnes gehen unerwartet schlecht, sodass er die vereinbarten Zahlungen an die Stadtsparkasse nicht mehr erbringen kann. Diese beantragt die Zwangsversteigerung. Durch diese Versteigerung würde das Wohnungsrecht erlöschen und Michael müsste ausziehen. Zum Glück hat er aber noch Bundesschatzbriefe in Höhe von

120 000 EUR, die er einlösen kann. Mit diesem Geld zahlt er der Stadtsparkasse Kapital und Zinsen der Grundschuld zurück. Sie muss das Geld annehmen, auch wenn der Sohn hiermit nicht einverstanden ist und die Sparkasse liebend gerne das Haus versteigert hätte, da ein guter Kunde 400 000 EUR bieten wollte. Mit der Zahlung geht die Grundschuld auf Michael über, obwohl im Grundbuch noch die Stadtsparkasse als Gläubigerin steht. Die Sparkasse muss nun die erforderlichen Urkunden ausstellen, und gegen deren Vorlage beim Grundbuchamt berichtigt dieses das Grundbuch dahingehend, dass jetzt Michael Reich der Gläubiger der Grundschuld ist.

Praxis-Tipp:

Wenn der Übergeber in dem zu übertragenden Grundstück noch wohnen möchte, steht im Vordergrund aller Überlegungen die Absicherung seiner Rechte. Diese Überlegung hat allen anderen Überlegungen, insbesondere auch steuerlichen Erwägungen, vorzugehen.

- Zunächst muss genau überlegt werden, welcher Vorbehalt in Betracht kommt (siehe Seite 66 ff.).

- Auf die Ausgestaltung und genaue Beschreibung des Vorbehaltes muss großer Wert gelegt werden. Es muss geregelt werden, welche Lasten den neuen Eigentümer und welche den Übergeber treffen.

- Kann der Übernehmer das Haus nicht halten und es kommt zur Zwangsversteigerung, ist ein Vorbehalt – auch wenn er im Grundbuch eingetragen ist – nur dann sicher, wenn der Antragsteller der Zwangsversteigerung keinen Rang vor dem Vorbehalt hat. Also muss nach Möglichkeit vermieden werden, dass ein Grundpfandrecht mit Rang vor dem Vorbehalt eingetragen wird.

Lässt sich dies nicht vermeiden, ist der Vorbehalt grundsätzlich gefährdet. Diese Gefahr kann nicht ausgeschlossen, sondern nur vermindert werden. Sie sollten keine Grundschuld im Range vor den Vorbehalt treten lassen, ohne

- Abtretung des Rückgewähranspruchs, Vereinbarung des Löschungsanspruchs und Absicherung mit Vormerkung gemäß §§ 883, 888 BGB.

- Erfüllung des Rückgewähranspruchs nur durch Löschung, nicht durch Verzicht. Und der Eigentümer stimmt dieser Löschung im Voraus zu.

- Einschränkung der Sicherungsabrede auf das Darlehen.

- Auszahlung des Darlehens nur nach Baufortschritt und Verpflichtung des Eigentümers auf Beleg-Vorlage.

Spezielle Fragen zur Übertragung des Hauses

6

Wenn der Übernehmer vor dem Übergeber stirbt

> **Beispiel:**
>
> Der verwitwete Vater hat seiner Tochter (einziges Kind) das Haus übergeben, weil er sich von ihr besonders gut betreut fühlt. Leider hat sie sich dann von ihrem Ehemann, der dem Vater als Schwiegersohn willkommen war, scheiden lassen und hat nun einen Lebensgefährten, den der Vater nicht ausstehen kann. Und jetzt stirbt gar noch die Tochter und hat ihren Freund zum Alleinerben eingesetzt. Zwar muss dieser das Wohnungsrecht des Vaters dulden, aber der Vater hätte nie und nimmer das Haus übertragen, wenn er diesen Verlauf der Dinge vorausgesehen hätte. Kann er jetzt das Haus zurückverlangen? Nein, kann er nicht! Wenn die Tochter keine Kinder hat, steht ihm ein Pflichtteilsanspruch in Höhe von $1/4$ des Nachlasses zu, aber dieser Anspruch geht nur auf Geld, nicht auf Rückgabe des Hauses.

Konnte sich der Vater für diesen Fall absichern?

Dies wäre möglich gewesen. Bei der Übergabe hätte er mit seiner Tochter vereinbaren können, dass deren Erben verpflichtet sind, das Haus an ihn zurück zu übertragen, wenn sie vor ihm stirbt. Außerdem kann man eine Verpflichtung zur Rückgabe für den Fall vorsehen, dass die Tochter das Haus vor dem Tod des Vaters verkaufen oder verschenken will oder gar die Zwangsversteigerung angeordnet wird. Damit diese Vereinbarung rechtlich abgesichert ist, muss sie im Grundbuch eingetragen werden. Man nennt das eine „Rückauflassungsvormerkung". Einzelheiten weiß der Notar.

Es ist zulässig, aber nach hiesiger Auffassung nicht ratsam, solche Verpflichtungen auch über den Tod des Übergebers und seiner Ehefrau hinaus vorzusehen. Irgendwann soll man den irdischen Dingen ihren Lauf lassen.

Wichtig: Wenn eine solche Vereinbarung getroffen wird, gibt kaum eine Bank dem Übernehmer auf das Haus auch nur einen Cent Kredit! Es sei denn, der Übergeber (Vater) ist damit einverstanden, die Grundschuld zu übernehmen, wenn der Rückübertragungsfall eintritt.

Steuerfragen

Wie bereits auf Seite 38 erläutert, werden bei der Berechnung der Schenkungsteuer Gegenleistungen grundsätzlich vom Wert des verschenkten Gegenstandes abgezogen, da ja nur die eigentliche Schenkung, also die unentgeltliche Zuwendung, schenkungsteuerpflichtig ist. Man spricht dann von einer „gemischten Schenkung".

Dieser Grundsatz gilt aber nicht für den Vorbehalt (§ 25 ErbStG), also für ein Nutzungsrecht, das der Schenker für sich und seinen Ehegatten (nicht aber für Dritte) vorbehalten hat. Dies betrifft alle vorbezeichneten Nutzungsrechte, also z. B. den Nießbrauch und das Wohnungsrecht, die der Beschenkte dulden muss, nicht aber Reallasten, also z. B. die Leistungen beim Altenteil.

Wird also das Haus belastet und mit einem Nießbrauch oder Wohnungsrecht übertragen, tritt eine recht komplizierte Regelung in Kraft, welche hier nur dem Grundsatz nach dargestellt werden soll. Einzelheiten sind aber auf Seite 122 erklärt.

Es finden zwei Berechnungen statt:

- Zunächst wird der Wert der Schenkung nach den früher dargestellten Regeln berechnet und zwar ohne Berücksichtigung der Duldungspflicht des Beschenkten (siehe Seite 34 ff.).

- Sodann wird in einer zweiten Rechnung der Wert der Duldungspflicht abgezogen. Diesen Wert berechnet das Finanzamt nach bestimmten Vorschriften und Tabellen. Beachten Sie die Ausführungen auf Seite 119. Er ist insbesondere abhängig vom Alter desjenigen, der den Vorbehalt nutzen darf, bei Eheleuten nach dem Alter des Jüngsten.

Bleibt der erstgenannte Wert unterhalb des Freibetrages, ist vorerst nichts zu veranlassen. Die Schenkung ist schenkungsteuerfrei. Erst wenn infolge einer weiteren Schenkung oder einer Erbschaft eine Zusammenrechnung notwendig und damit der Freibetrag überschritten wird, muss neu gerechnet werden.

Übersteigt jedoch der Wert der Schenkung den Freibetrag, muss nun verglichen werden. Dies ist noch verhältnismäßig einfach, wenn es sich nur um ein Wohnungsrecht unter gesetzlichen Bestimmungen handelt, aber schwieriger beim Nießbrauch; besonders wenn bei seiner Bestellung von der gesetzlichen Regelung vertraglich abgewichen wurde. Letztlich kann die genaue Berechnung nur von einem Steuerberater oder vom Finanzamt vorgenommen werden.

Es wird daher nur das Prinzip erklärt:

Die Schenkungsteuer nach dem zweitgenannten Wert muss sofort gezahlt werden. Die Differenz zur Steuer, welche nach dem erstgenannten Wert angefallen wäre, wird dem Beschenkten zinslos gestundet, bis der Vorbehalt – meist durch Tod des Berechtigten – wegfällt.

Der Beschenkte kann aber diese Differenz abgezinst ablösen, also sofort bezahlen. „Abgezinst" bedeutet, dass er einen wesentlich geringeren Betrag zahlen muss, als später fällig würde. Da die Höhe des Ablösungsbetrages meist vom Alter des Schenkers abhängig ist, kommt der Beschenkte im Falle der Ablösung bei einem relativ jungen Schenker billig davon, während die Ersparnis bei einem schon alten Schenker gering sein wird.

Beispiel:

Ein Großvater schenkt seinem Enkelkind (dessen Mutter, Tochter des Großvaters, lebt noch) sein Haus und behält sich ein Wohnungsrecht auf Lebenszeit vor. Angenommene Werte:

Steuerwert des Hauses	250 000 EUR
Wohnungsrecht	80 000 EUR
erster Wert	250 000 EUR
abzüglich Freibetrag	51 200 EUR
zu versteuern	198 800 EUR
Steuer (Steuerklasse I) 11 %	21 868 EUR

Berücksichtigt man das Wohnungsrecht, müssten also von den berechneten 198 800 EUR noch 80 000 EUR abgezogen werden, sodass sich ein Steuerwert von 118 800 EUR ergäbe. Die Steuer hieraus (wieder 11 %) beträgt nur 13 068 EUR. Ergebnis: Dieser Betrag muss sofort bezahlt werden, die Differenz (21 868 EUR abzüglich 13 068), also 8 800 EUR werden bis zum Tod des Großvaters gestundet und können gegen eine abgezinste geringere Summe sofort abgelöst werden.

Ist vom Großvater keine weitere Erbschaft von Belang mehr zu erwarten und hat auch die Tochter kaum was zu vererben, könnte man wieder „tricksen" (siehe Seite 47). Der Großvater schenkt das Haus der Tochter, diese schenkt es ihrem Sohn. Allerdings wird hier das Finanzamt auf jeden Fall aufmerksam, wenn man die beiden Verträge kurz hintereinander schließt.

Die Schenkungsteuer wäre wesentlich geringer, wenn die Mutter des Beschenkten zum Zeitpunkt der Schenkung bereits verstorben wäre, da dann sein Freibetrag 205 000 EUR betragen würde.

Wichtig: Es sei noch einmal darauf hingewiesen, dass diese Sonderberechnung nur dann erfolgt, wenn der Vorbehalt zugunsten des bisherigen Eigentümers und/oder seines Ehegatten eingetragen wird. Nicht aber, wenn andere Personen begünstigt werden, z. B. Schwester des Übernehmers, Schwiegertochter des Übergebers oder dessen Lebensgefährtin. In diesem Fall wird der Wert des Duldungsrechts (meist Wohnungsrecht) bewertet und als Belastung vom Wert des verschenkten Grundstücks abgezogen. Dieser Wert kann beim Begünstigten eine Schenkungsteuer auslösen, wenn dessen Freibetrag überschritten wird.

Abschreibungen und Eigenheimzulage

Auch den Übernehmer des Grundstücks treffen Steuerfragen. Diese sind davon abhängig, ob und welche Abschreibungen/Förderungen der Übergeber bisher in Anspruch genommen hatte, ob das Haus vermietet werden soll oder eigenen Wohnzwecken des künftigen Eigentümers dient und ob es sich um eine Schenkung oder um eine „gemischte Schenkung" handelt. Schon daraus ergibt sich, dass im Rahmen dieses Buches nur auf einige Grundsätze hingewiesen werden kann, für den konkreten Einzelfall aber eine fachkundige Beratung erforderlich wird.

Abschreibungen

Steuerliche Abschreibungen bei ausschließlicher Eigennutzung sind nicht möglich.

Wurde das Haus unentgeltlich übernommen (also keine „gemischte Schenkung"), kann der Übernehmer für den Fall der Vermietung keinen eigenen Aufwand aus der Übernahme als Werbungskosten abschreiben. Er kann aber eine noch nicht beendete Abschreibung des Übergebers in der gleichen Weise fortsetzen, wie dieser es gekonnt hätte, also den früheren Aufwand des Übergebers abschreiben. Dabei ist er auch an die vom Übergeber festgelegte Art der Abschreibung (linear oder degressiv) gebunden.

Hatte der Übergeber die bereits bei ihm vorhandene Möglichkeit der Abschreibung nicht genutzt, kann eventuell jetzt der Übernehmer mit Abschreibungen beginnen. War allerdings das Grundstück bereits seit 50 Jahren oder länger im Familienbesitz, ist kaum noch etwas zu machen. Anderenfalls – und beim Wechsel von Eigennutzung zur Vermietung – ist fachliche Beratung angebracht.

Der Aufwand des Übernehmers (Schulden tilgen, Auszahlungen an Geschwister, Leistungen an Übergeber) kann im Falle der Vermietung selbstständig abgeschrieben werden. Da nur das Gebäude, nicht aber das Grundstück „abgeschrieben" werden kann, muss der anteilige Wert des Grundstücks abgezogen werden. Hat also der Übernehmer für das Anwesen (Grundstückswert 50 000 EUR, Gebäudewert 200 000 EUR) Schulden in Höhe von 100 000 EUR zu übernehmen, kann er hiervon nur $^4/_5$ = 80 000 EUR abschreiben.

Besonders problematisch ist der Fall, dass – was aus anderen Gründen hier empfohlen wurde – die Auszahlung an die Geschwister noch nicht sofort fällig wird, sondern gestundet ist. In diesem Fall kann der Übernehmer nur den „abgezinsten" Betrag abschreiben, den ihm das Finanzamt je nach den Umständen des Einzelfalles berechnet. Die Differenz zwischen tatsächlicher Auszahlung und dem abgezinsten Betrag sind aber für den Übernehmer „Schuldzinsen", die er im Jahr der Auszahlung als solche absetzen kann. Für die Berechtigten des Auszahlungsanspruchs können sich hierdurch steuerpflichtige Zinseinnahmen ergeben. Auch insoweit wäre eine Beratung erforderlich, wenn das Haus ganz oder teilweise vermietet werden soll und deshalb Abschreibungen in Betracht kommen.

Eigenheimzulage

Immer unter der Voraussetzung, dass die für die Gewährung der Eigenheimzulage geltenden Regelungen dem Übernehmer überhaupt noch einen Anspruch auf eine solche Zulage zubilligen, ist bei der Übernahme Folgendes zu beachten:

Eine dem Übergeber zustehende Zulage kann vom Übernehmer nicht fortgesetzt werden. Wenn also der Übergeber die Zulage noch nicht völlig in Anspruch genommen hat und dem Übernehmer kein eigener Anspruch nach neuem Recht zusteht, ist die schenkungsweise Übertragung des Grundstücks unter diesem Gesichtspunkt zu früh. Wenn nicht andere Gründe diese Übertragung erforderlich machen, wäre abzuwarten, bis die Förderfrist abgelaufen ist.

Wer ein Grundstück/Haus schenkungsweise übernimmt, kann grundsätzlich mangels eigenen Aufwandes keine Eigenheimzulage beanspruchen, auch wenn in seiner Person ein Anspruch bestünde. Voraussetzung für eine ihm zu gewährende Zulage wäre eigener Aufwand. Dieser kann zunächst darin bestehen, dass es sich um eine „gemischte Schenkung" handelt, der Erwerber also z. B. Schulden übernehmen oder Ausgleichszahlungen leisten muss. In diesem Fall wird ihm der Höchstbetrag der Zulage nicht im Verhältnis Schenkung/Aufwand gekürzt. Er kann vielmehr bei entsprechendem Aufwand die Zulage bis zum Höchstbetrag erhalten, wenn er entsprechenden Aufwand hatte. Dass ihm der Rest geschenkt wurde, ist unbedenklich.

Beispiel: _____

Wenn also die Großmutter dem Enkelkind ihr Haus mit der Maßgabe überträgt, dass er den halben Verkehrswert in Höhe von 200 000 EUR an seinen Bruder zahlen muss, kann er den Höchstbetrag (niedriger als 200 000 EUR) ausschöpfen und nicht nur den halben Höchstbetrag.

Soweit der Übernehmer Duldungspflichten hat (Nießbrauch, Wohnungsrecht), ist die Berechnung des eigenen Aufwandes schwierig und muss von einem Fachmann vorgenommen werden.

Der Anspruch auf eine Eigenheimzulage kann eventuell auch dadurch erworben werden, dass der Übernehmer das Haus in einer den vorgesehenen Regelungen entsprechenden Weise auf eigene Kosten umbaut oder einen Anbau errichtet. Beachten Sie hierzu die Ausführungen auf Seite 67.

Veräußerungsgewinne

Besteuerung des Veräußerungsgewinnes – eine neue „Grausamkeit"

Im folgenden Beitrag geht es nicht um die Schenkung- oder Erbschaftsteuer, sondern um eine zusätzliche Steuer: die Besteuerung des Veräußerungsgewinnes.

Schon bisher musste der Übergeber damit rechnen, seinen „Gewinn" versteuern zu müssen, wenn er das Grundstück nicht verschenkte, sondern gegen Leistungen übertrug; z.B. gegen Übernahme von Schulden oder Ausgleichszahlungen an Geschwister. Auch vorgenommene Abschreibungen konnten hierbei zum Nachteil des Übergebers „aktiviert" werden. Nach dem bisher geltenden Recht war dies jedoch meist problemlos, da eine solche Steuerpflicht nur in Betracht kam, wenn der Übergeber das Haus in den letzten zehn Jahren erworben hatte, was nur selten der Fall war.

Nun soll künftig jede Veräußerung eines Grundstücks neben der vom Käufer zu tragenden Grunderwerbsteuer auch noch zu Lasten des Verkäufers versteuert werden. Eine soziale Komponente, etwa in Form eines Freibetrags oder eines gestaffelten Steuersatzes, ist nicht vorgesehen. Allerdings: Die nachfolgend geschilderten Einzelheiten entsprechen nur dem Regierungsentwurf. Das nach diesem Entwurf geplante Gesetz ist bislang nicht verabschiedet, weshalb sich noch Änderungen ergeben können.

Künftig[1] soll jeder entgeltliche Grundstückübertrag versteuert werden, falls nicht ganz ausnahmsweise der Nachweis gelingt, dass das Objekt zu einem höheren Preis angeschafft wurde und somit kein Gewinn, sondern ein Verlust zu verbuchen ist. Dies trifft nicht etwa nur „die Reichen", sondern auch die Großmutter, die sich über Jahrzehnte hinweg ein Häuschen vom Munde abgespart hat und dieses jetzt weiter übertragen will. Denn nicht nur ein normaler Verkauf

---

[1] Der Stichtag lag bei Redaktionsschluss noch nicht fest.

soll der neuen Steuer unterliegen, sondern jede entgeltliche Übertragung. Eine Frist zwischen Erwerb und Übertragung, nach deren Ablauf Steuerfreiheit besteht, ist nicht mehr vorgesehen. Wie bisher soll der Verkauf nur dann steuerfrei bleiben, wenn der Eigentümer das Haus/die Eigentumswohnung im Jahr des Verkaufs und in den beiden Vorjahren zu eigenen Wohnzwecken genutzt hat. Somit gilt:

- Steuerpflichtig ist die „gemischte Schenkung", also Übertragung zu einem Preis unter dem Verkehrswert.

- Steuerpflichtig ist die Bestimmung, anlässlich der Schenkung an andere Personen (Geschwister) eine Herauszahlung zu leisten.

- Im Augenblick nicht steuerpflichtig ist der kostenlose Eigentumsübergang, also die Schenkung, für welche der Beschenkte keinen Aufwand zu erbringen hat. Aber dies gilt nur für diese Schenkung. Sobald der Beschenkte das geschenkte Grundstück veräußert, also nicht verschenkt oder vererbt, fällt für ihn diese Steuer an.

Berechnung der Steuer

Um das Prinzip zu erklären, wird zunächst ein „Normalfall" dargestellt, der sich im Rahmen der in diesem Buch abgehandelten Veräußerungen so nicht ergeben wird:

Beispiel:

Anton hat sich vor 30 Jahren zum damalig angemessenen Preis von (umgerechnet) 20 000 EUR ein kleines Haus gekauft. Da er seit drei Jahren bereits im Altersheim wohnt, verkauft er das Haus seinem Sohn zum heute normalen Preis von 150 000 EUR. Dies war bisher unter allen Gesichtspunkten steuerfrei.

Neuerdings rechnet das Finanzamt wie folgt:

damaliger Kaufpreis	20 000 EUR
damalige Kosten und Grunderwerbsteuer, angenommen	1 500 EUR

Einstandspreis	21 500 EUR
Verkaufspreis	150 000 EUR
Gewinn, den Anton gemacht hat	128 500 EUR

Von diesem Gewinn sind grundsätzlich 15 % Steuern geschuldet. Dabei kommt es – und das erscheint bemerkenswert – auf die Einkommensverhältnisse (Steuersatz) nicht an. Somit ergäbe sich für Anton eine Steuer von 19 275 EUR, gleichgültig ob er als ehemaliger Minister eine Pension von monatlich 15 000 EUR bezieht oder als Rentner 900 EUR monatlich zur Verfügung hat. Allerdings muss noch eine Gegenrechnung gemacht werden. Der Gewinn wird höchstens mit 10 % des Verkaufspreises angenommen, auch wenn er tatsächlich höher war. Somit ergibt jetzt die endgültige Berechnung:

10 % des Verkaufspreises von 150 000 EUR (fiktiver Gewinn)	15 000 EUR
hiervon 15 % Steuer, ergibt die endgültig geschuldete Steuer von	2 250 EUR,

da dieser Betrag geringer ist als 15 % aus dem tatsächlichen „Gewinn".

Wer also durch den Verkauf einen hohen Gewinn erzielt, muss nicht rechnen. Die Obergrenze der Steuer ist 15 % von 10 % des Verkaufspreises, somit 1,5 % des Verkaufspreises. In Geld:

Verkaufspreis 150 000 EUR, hiervon Steuer 1,5 % = 2 250 EUR.

Also gilt: Hohe Gewinne verursachen also relativ (im Verhältnis zum Gewinn) niedrige Steuern; niedrige Gewinne verursachen relativ hohe Steuern, was so auch sozial gewollt ist.

Freilich, wenn der Nachweis gelänge, dass das Grundstück seinerzeit zu einem höheren Einstandspreis erworben worden ist (wobei wiederum die Kosten des Notars, des Gerichts und die Grunderwerbsteuer dem Kaufpreis zuzuschlagen sind), dann fällt keine Steuer an. Aber das wird nicht häufig der Fall sein!

Haus aus Familienbesitz

Nun werden nur ganz selten Häuser übertragen, deren damaliger Anschaffungspreis samt Nebenkosten noch in der vorstehend erklärten Weise nachgewiesen werden kann. Und selbst wenn dies möglich wäre, so käme doch sicher ein „Rechengewinn" in Höhe von mindestens 10 % des Übertragungswertes zustande. Dies hat die Folge, dass nahezu jede Übertragung eines Grundstücks/Hauses steuerpflichtig wird, wenn es nicht im Jahr der Übertragung und in den beiden Jahren vorher vom Eigentümer zu eigenen Wohnzwecken genutzt war und wenn der Übernehmer eine Gegenleistung erbringen muss. Nur die reine Schenkung wird zunächst auch künftig steuerfrei bleiben und die Steuer fällt erst an, wenn der Beschenkte (oder der Erbe) das Grundstück/Haus veräußert.

Beispiel:

Die Großmutter, die seit Jahren bei ihrer Tochter wohnt, überträgt ihrem Enkelkind ihr Haus, das sich seit mehr als 100 Jahren im Familienbesitz befindet. Verkehrswert: 300 000 EUR; das Enkelkind muss seinen beiden Geschwistern je 100 000 EUR zahlen.

Der Veräußerungsgewinn der Großmutter basiert auf der Leistung des Enkelkindes, also auf 200 000 EUR. Da keine Chance besteht, den damaligen Erwerbspreis nachzuweisen – und da dieser auf jeden Fall (umgerechnet) niedriger gewesen wäre als 10 % (20 000 EUR) – bleibt es bei der Steuerpflicht für die Großmutter (!) in Höhe von 1,5 % des Veräußerungspreises, somit also 1,5 % von 200 000 EUR = 3 000 EUR.

Veräußert nun der Enkel das ihm übertragene Haus einige Jahre später zum Preis von 320 000 EUR, so hat er jetzt zu versteuern:

Einstandspreis	200 000 EUR
damalige Nebenkosten, angenommen	1 000 EUR
Erwerbspreis	201 000 EUR
Verkaufspreis	320 000 EUR

rechnerischer Gewinn somit	119 000 EUR
rechnerische Steuer 15 % des Gewinnes	17 850 EUR
Gegenrechnung:	
1,5 % von Verkaufspreis 320 000 EUR	4 800 EUR

Das Enkelkind versteuert also nicht nur die 20 000 EUR, die es mehr erzielt hat, sondern auch die Schenkung der Großmutter (100 000 EUR). Großmutter und Enkelkind haben also zusammen eine Steuer von 7 800 EUR bezahlt. Dabei ist sogar noch berücksichtigt, dass ursprünglich auch noch die „Abschreibungen", die der Schenker im Laufe der Jahre vornehmen konnte, als Gewinn behandelt werden sollten, wovon mit Rücksicht auf die aufwändige Ermittlung wohl abgesehen werden wird.

Um die soziale Komponente noch einmal deutlich zu machen, soll einmal unterstellt werden, der Bankdirektor Reich habe das Haus der Großmutter für 300 000 EUR abgekauft und kann es dank seiner guten Beziehungen einige Tage später für 500 000 EUR weiterverkaufen. Die Großmutter musste also 1,5 % von 300 000 = 4 500 EUR zahlen. Der Bankdirektor zahlt

1. Rechnung:

Einstandspreis	300 000 EUR
Erwerbskosten mit Grunderwerbsteuer geschätzt	15 000 EUR
Erwerbspreis	315 000 EUR
Verkaufspreis	500 000 EUR
Gewinn	185 000 EUR
Steuer 15 %	27 750 EUR

2. Rechnung:

1,5 % vom Verkaufspreis = 1,5 % von 500 000 EUR = 7 500 EUR.

Somit fällt eine Steuer von nur 7 500 EUR an. Er versteuert also einen Gewinn von 185 000 EUR mit 7 500 EUR, somit ungefähr mit 4 %, während er sein Diensteinkommen möglicherweise mit 48,5 % versteuern muss.

Steuerliche Behandlung

Die Besteuerung erfolgt zusammen mit der Jahressteuererklärung, aber – das sei wiederholt – nicht zum Steuersatz des eigentlichen Einkommens, sondern ohne Rücksicht auf diesen mit dem vorgenannten Steuersatz (15 % vom Gewinn, maximal 1,5 % vom Verkaufspreis). Also muss jeder, der ein Grundstück verkauft, für das Jahr des Verkaufs eine Steuererklärung abgeben, auch wenn er mit Rücksicht auf sein niedriges Einkommen (Rentner) hierzu nicht verpflichtet gewesen wäre.

Wer im Jahr des Immobilienverkaufes auch seine Wertpapiere, diese mit Verlust gegenüber dem Anschaffungspreis, verkauft hat, kann den „Gewinn" aus dem Grundstücksverkauf gegen den Verlust aus dem Wertpapiergeschäft aufrechnen.

Beispiel:

Der vorgenannte Bankdirektor kann die Steuer vollständig sparen, wenn er im gleichen Jahr aus seinem Depot Wertpapiere unter dem damaligen Einstandspreis verkauft und die Verluste mit dem Gewinn verrechnet. Natürlich kann dies die Großmutter auch, vorausgesetzt sie hat ein solches Depot.

Formalien, die beachtet werden müssen

7

Formerfordernisse des Übergabevertrags

Verträge, welche auf Übertragung von Grundbesitz gerichtet sind, gleichgültig ob auf Verkauf oder Schenkung, bedürfen zu ihrer Wirksamkeit der Beurkundung beim Notar. Wenn also eine solche Übertragung vorgenommen werden soll, müssen alle Beteiligten zu einem Notar, der die entsprechende Urkunde errichtet und nach ihrer Unterzeichnung die Eintragung im Grundbuch veranlasst. In den allermeisten Fällen wird bei dieser Gelegenheit auch der Inhalt des Vorbehaltes besprochen und beurkundet.

Nun könnten eigentlich die Regelungen für den Vorbehalt auch von den Beteiligten schriftlich festgelegt werden. Sodann müsste die Unterschrift des bisherigen Eigentümers (für den also der Vorbehalt bestellt wird) von einer hierzu befugten Stelle (außer Notaren kann das Landesrecht solche Stellen bestimmen) öffentlich beglaubigt werden. Dadurch könnte man einige EUR Notarkosten sparen. Von einem solchen Vorgehen ist aber dringend abzuraten. Sollte dem Übergeber seitens des Übernehmers ein solcher Vorschlag zur Kostenersparnis unterbreitet werden, wäre dieser zurückzuweisen. Außerdem wäre dann ein gewisses Misstrauen bezüglich des Gesamtgeschäftes angebracht.

Ohne Notar läuft nichts!

Das Notarwesen ist in Deutschland nicht einheitlich geregelt. Es gibt Bundesländer, deren Notare nicht gleichzeitig Rechtsanwälte sein dürfen. In anderen Ländern können bestimmte Rechtsanwälte auch Notare sein, wobei dann bei weitem nicht jeder Rechtsanwalt auch Notar ist. Schließlich gibt es auch noch besondere Regelungen. Jeder Notar hat aber die gleichen Rechte und Pflichten. Es gibt keine verpflichtende Zuständigkeit. Jeder Bürger kann sich jeden deutschen Notar aussuchen, bei welchem er seine Angelegenheiten erledigen lässt. Da aber der Notar vor der Beurkundung das Grundbuch einsehen muss, sollte man doch einen Notar am Ort beauftragen. Die Notare unterstehen strenger Kontrolle und sind bei der Beurkundung gehalten, die Interessen beider Parteien im Auge zu behalten und diese auch fachlich zu beraten. Der Übergeber kann also im Grunde davon ausgehen, dass jeder Notar ihn korrekt beraten und nicht einseitig nur die Interessen des Übernehmers wahren wird.

Dennoch, es handelt sich um ein außerordentlich wichtiges Geschäft und die Auswahl des Notars ist subjektiv Vertrauenssache. Deshalb sollte der Übergeber Einfluss auf die Auswahl des Notars nehmen. Kennt er einen Notar, zu dem er Vertrauen hat, soll er darauf bestehen, dass dort beurkundet wird. Wenn der Notar gleichzeitig Rechtsanwalt ist und den Übernehmer als Anwalt ständig berät, sollte – rein gefühlsmäßig und ohne sachlichen Grund – die Beurkundung nicht dort erfolgen, wenn der Übergeber diesen Notar nicht kennt. Der Verfasser ist der Auffassung, dass angesichts der Wichtigkeit des Geschäfts der Übergeber „ein gutes Gefühl" haben soll, auch wenn keinerlei Anlass für die Annahme einer „Einseitigkeit" besteht.

Die Gebühren der Notare sind gesetzlich geregelt und es erfolgt eine Kontrolle durch den Präsidenten des Landgerichts dahingehend, dass sie nicht zu viel und auch nicht zu wenig veranschlagen. Wenn also der Übernehmer behauptet, sein Notar sei „besonders billig", ist das auf jeden Fall falsch und damit Anlass zu äußerstem Misstrauen.

Worauf Sie achten sollten

Vor dem Gang zum Notar muss ganz genau abgesprochen werden, unter welchen Konditionen die Übergabe erfolgen soll. Es wäre nicht falsch, dies schriftlich festzuhalten und dem Notar für den Entwurf der Urkunde zu übergeben oder bei einem Vorgespräch vor der eigentlichen Beurkundung mitzubringen. Sodann können die Absprachen mit dem Notar erörtert werden. Bei größeren Objekten oder gar Firmen ist ohnehin eine eingehende Beratung beim Steuerberater erforderlich und wohl auch erfolgt. Im Übrigen wäre es nicht verkehrt, den Notar zu bitten, dem Übergeber eine Kopie der entworfenen Urkunde einige Tage vor dem eigentlichen Beurkundungstermin zu überlassen, damit in Ruhe und häuslicher Umgebung geprüft werden kann, ob alle vereinbarten Angaben enthalten sind. Wenn der Übergeber irgend etwas nicht genau versteht, muss er sich dies vom Notar erklären lassen. Sie sollten nichts einfach „abnicken". Absprachen zwischen den Beteiligten sind bis zur eigentlichen Beurkundung unverbindlich, auch wenn sie schriftlich fixiert wurden. Man kann also immer noch verlangen, dass der Entwurf der Notarurkunde abgeändert oder ergänzt wird.

Wichtig: Bei der Beurkundung muss der Notar ausdrücklich gefragt werden, ob im Grundbuch noch alte Rechte stehen, die noch nicht gelöscht sind (siehe Seite 80) und bei der Durchsicht der Urkunde darauf geachtet werden, ob beim Vorbehalt ein „Rangvorbehalt" eingetragen werden soll. War Letzteres nicht vorher ausdrücklich vereinbart, sollten Sie die Unterschrift verweigern!

Wenn ein Grundpfandrecht später Vorrang vor dem Vorbehalt bekommen soll

Ist der Übergeber damit einverstanden, dass mit Rang vor dem Vorbehalt später ein Grundpfandrecht eingetragen wird, sollte darauf geachtet werden, dass die auf Seite 89 genannten Sicherungen für das spätere Grundpfandrecht vorgesehen werden. Das Problem besteht darin, dass zu diesem Zeitpunkt nur Betrag und Zinssatz, nicht aber die weiteren Inhalte des Grundpfandrechts (Rückgewähranspruch, Sicherungsabrede) verbindlich festgelegt werden. Eventuell sollte die Verpflichtung des Übergebers, ein Grundpfandrecht mit Rang vor seinem Vorbehalt zu bestellen, zunächst nur schuldrechtlich vereinbart, also nicht durch Vormerkung gesichert werden. Dadurch verbleibt dem Übergeber immer noch die Möglichkeit, auf den Inhalt des Grundpfandrechts Einfluss zu nehmen. Den Mehrkosten für die dann erforderliche Rangänderung steht das

Sicherheitsbedürfnis des Übergebers gegenüber; außerdem hat man ja die Kosten für die Eintragung der Vormerkung gespart.

Bei der späteren Bestellung dieser Grundschuld sollte dann nicht auf die Abtretung des Rückgewähranspruchs sowie – auch bei der Hypothek – auf die Eintragung einer Löschungsvormerkung verzichtet werden. Einen gesetzlichen Löschungsanspruch hat der Vorbehalt nicht. Der Übergeber kann sich nur so davor schützen, dass das Grundpfandrecht für andere als die von ihm gebilligten Zwecke (z. B. Kosten der Renovierung) verwendet wird. Erklärt der Notar, das sei nicht erforderlich, ist Misstrauen angebracht. Es ist gut möglich, dass der Notar solche Regelungen als „unüblich" bezeichnet. Das stimmt sogar, aber der Übergeber sollte dennoch zu seiner umfassenden Sicherheit darauf bestehen.

Fast immer verlangen die Banken die Eintragung einer Grundschuld zur Sicherung ihres Darlehens. In diesem Fall sollte der Übergeber die Bewilligung der Eintragung mit Vorrang davon abhängig machen, dass die auf Seite 89 genannten Einschränkungen in die „Sicherungsabrede" aufgenommen werden.

Wichtig: Sie sollten sich nicht damit abspeisen lassen, dass die Bank auf ihre „allgemeinen Geschäftsbedingungen" verweist. Die kann man durch besondere Abrede ändern.

Wer es genau wissen will

Güterstände

Wer verheiratet ist, lebt in einem Güterstand. Seit vielen Jahren kennt unser BGB nur noch drei Güterstände, sodass heute kaum noch Leute leben werden, welche für ihre Ehe noch einen früheren Güterstand vereinbart hatten, insbesondere also Errungenschaftsgemeinschaft oder Fahrnisgemeinschaft. Wäre dies der Fall, würden diese alten Güterstände weiter gelten. Ausländer können auch in Deutschland in einem ausländischen Güterstand leben.

Wer keinen Ehevertrag geschlossen hat, lebt im gesetzlichen Güterstand der Zugewinngemeinschaft. Einen Ehevertrag kann man vor oder nach der Eheschließung nur beim Notar schließen. Eingetragene gleichgeschlechtliche Lebenspartner können statt eines Ehevertrages einen Lebenspartnerschaftsvertrag schließen, was die gleichen Folgen hat. Nicht jeder Erbvertrag ist auch ein Ehevertrag, obwohl beides oft in einer einheitlichen Urkunde beurkundet wird.

Der gesetzliche Güterstand

Wer also keinen Ehevertrag geschlossen hat, lebt im gesetzlichen Güterstand der Zugewinngemeinschaft. Dies bedeutet im Grundsatz, dass jedem allein gehört, was er in die Ehe mitbringt oder während der Ehe erwirbt (§ 1363 BGB). Haben beide während der Ehe ihr Vermögen unterschiedlich vermehrt, muss nach Aufhebung der Ehe der Zugewinn ausgeglichen werden. Normalerweise erfolgt dieser Ausgleich im Todesfall pauschal durch eine Anhebung der Erbquote für den überlebenden Ehegatten um $1/4$. Alle Beispiele auf Seite 16 ff. gehen von diesem Normalfall aus. In diesem Fall können den überlebenden Ehegatten sogar gewisse Unterhaltspflichten gegenüber nichtehelichen Kindern oder Kindern aus einer früheren Ehe des Verstorbenen treffen.

Dies wird häufig nicht beachtet, was später für die Erbschaft und auch für die Erbschaftsteuer nachteilig sein kann. Oft genug glauben die Eheleute, dass ihnen alles gemeinsam gehöre. Aber das stimmt im gesetzlichen Güterstand nicht. Wollen die Eheleute dies erreichen, aber keinen Ehevertrag schließen (siehe Seite 114), können sie Bruchteilseigentum eintragen lassen – allerdings mit Folgen.

Beispiel:

Der Ehemann bringt ein Grundstück in die Ehe ein, beide Ehegatten bauen ein Haus. Es gehört aber jetzt nicht beiden gemeinsam, sondern dem Ehemann allein. Dies kann Folgen haben:

- Gläubiger nur des Ehemannes können das ganze Haus versteigern lassen und die Ehefrau geht leer aus.

- Im Falle der Scheidung ist der Ausgleichsanspruch der Ehefrau schwer zu berechnen.

- Beim Tod des Ehemannes muss die Ehefrau damit rechnen, dass das ganze Haus steuerlich als Erbschaft gerechnet wird.

Die Eheleute hätten auch (beim Notar) vereinbaren können, dass sie jetzt Miteigentümer des Hauses je zur Hälfte sein wollen. Im Ergebnis bedeutet dies eine Schenkung des Ehemannes an die Ehefrau, die möglicherweise steuerfrei sein kann. Aber auch das hat Folgen:

- Nach der Scheidung kann jeder der früheren Ehegatten die Zwangsversteigerung zur Aufhebung der Gemeinschaft beantragen – und der andere Ehegatte kann dies allenfalls verzögern, aber nicht verhindern. Der Erlös wird im Normalfall geteilt werden müssen.

- Stirbt ein Ehegatte, ist sowohl für die Steuerbehandlung als auch für die Erb- und Pflichtteilsrechte der Kinder klar, dass nur die Hälfte des Wertes versteuert werden muss oder in die Erbschaft fällt. Aber: Wenn neben dem überlebenden Ehegatten auch Kinder als Erben in Betracht kommen, ist dies für den Ehegatten immer ein Risiko. Kommt es zu keiner Einigung, droht die Zwangsversteigerung des ganzen Hauses und nicht nur des Hälfteanteils!

Die Gütergemeinschaft

Dieser Güterstand, der also durch Ehevertrag vereinbart werden muss, war früher sehr beliebt, besonders bei der bäuerlichen Bevölkerung. Auch heute wird er noch gelegentlich abgeschlossen. Fast alles, was die Eheleute in die Ehe einbringen oder während der Ehe erwerben, gehört beiden Ehegatten gemeinschaftlich (§ 1416 BGB). Seltene Ausnahmen stehen in §§ 1417, 1418 BGB. Diese Wirkung tritt mit Abschluss des Ehevertrages kraft Gesetzes ein und gilt also auch dann, wenn im Grundbuch noch die alten Eigentumsverhältnisse stehen. Das Grundbuch ist dann unrichtig. Die Verwaltung obliegt beiden Ehegatten gemeinsam. Sie können allerdings im Ehevertrag vereinbaren, dass der Ehemann oder die Ehefrau das gemeinschaftliche Eigentum allein verwaltet. Früher war der Ehemann kraft Gesetzes Alleinverwalter. Dies ist seit 1953 aufgehoben und gilt nur noch für die vorher abgeschlossene „allgemeine Gütergemeinschaft".

Für die Gläubiger bedeutet dies: Wenn keiner der beiden Ehegatten ein Erwerbsgeschäft betreibt und auch im Ehevertrag keine Alleinverwaltung vereinbart wurde, können sie gegen das Haus nur vollstrecken, wenn sich die Schulden gegen beide richten. Im Normalfall kann also der Gastwirt wegen der „Saufschulden" des Ehemannes das gemeinsame Haus nicht versteigern lassen, solange die Ehe besteht. Beachten Sie bitte auch die Ausführungen zur Erbfolge auf Seite 115.

Die Gütertrennung

Sie ist das Gegenteil der Gütergemeinschaft. Jedem gehört, was auf seinen Namen eingetragen ist. Dieser Güterstand wird häufig von Geschäftsleuten begründet, um das Eigentum der Ehefrau abzusichern, wenn der Ehemann pleite geht. Im Todesfall gilt das Haus als Nachlass dessen, der als Eigentümer im Grundbuch steht. Zwar kann man auch bei Gütertrennung Miteigentum zur Hälfte vertraglich festlegen und eintragen lassen; aber das geschieht selten. Gläubiger können ohne weiteres in das Vermögen dessen vollstrecken, gegen den sie einen Vollstreckungstitel haben. Beachten Sie bitte auch die Ausführungen zur Erbfolge auf Seite 116.

Erbrechtliche Folgen beim Vertragsgüterstand

Haben die Eheleute im Ehevertrag ihren Güterstand geregelt, hat dies Folgen für die gesetzliche Erbfolge, wenn kein Testament/Erbvertrag gemacht wurde. Gleiches gilt für Partner, die einen Partnerschaftsvertrag geschlossen haben.

Gütergemeinschaft

Ehegatten, welche Gütergemeinschaft vereinbart haben, werden mangels eines Testamentes oder Erbvertrages anders beerbt, als dies beim gesetzlichen Güterstand der Fall wäre. Somit gelten die Beispiele auf Seite 16 ff. für diese Eheleute nicht.

Der überlebende Ehegatte erbt neben Abkömmlingen (also neben Kindern und Enkelkindern) nur $1/4$ statt der Hälfte. Die Abkömmlinge erben also $3/4$ des Nachlasses (§ 1931 BGB). Sind keine Abkömmlinge vorhanden, erbt der Ehegatte nur $1/2$, die andere Hälfte geht an die Eltern des Verstorbenen oder an dessen Geschwister. Alleinerbe wird der Ehegatte nur, wenn die Eltern des verstorbenen Ehegatten auch nicht mehr leben, keine Geschwister oder Geschwister-Kinder vorhanden sind und auch die Großeltern nicht mehr am Leben sind.

Beispiel:

Die Eheleute Franz und Maria hatten Gütergemeinschaft vereinbart. Sie haben ein gemeinsames Haus. Nun stirbt Franz. Das Haus gehört natürlich zur Hälfte der Maria, sodass sich die nachfolgend geschilderte Erbschaft nur auf die andere Hälfte bezieht. Wenn nun also drei Kinder vorhanden sind, die alle noch leben, dann erben Maria und ihre Kinder je $1/4$, sodass das

Haus jetzt Maria zu $1/2 + 1/8 = 5/8$ und jedem Kind zu $1/4$ von der Hälfte, also je $1/8$ gehört.

Zum Vergleich: Im gesetzlichen Güterstand würde Maria $1/2$ und die Kinder je $1/6$ erben, sodass ihr das Haus jetzt zu $3/4$ und den Kindern nur zu je $1/12$ gehören würde.

Wären nur zwei Kinder vorhanden, würde sich der Anteil der Mutter ($1/4$) nicht ändern, aber die beiden Kinder bekämen je $3/8$ des Nachlasses.

Gütertrennung

Hier gelten ähnliche Regeln wie bei der Gütergemeinschaft. Auch hier erbt der überlebende Ehegatte nur $1/4$ und nicht $1/2$, wenn Abkömmlinge vorhanden sind. Allerdings gibt es eine Besonderheit für den Fall, dass nur ein Kind oder zwei Kinder vorhanden sind. In diesem Ausnahmefall erben überlebender Ehegatte und Kind/Kinder zu gleichen Teilen.

Beispiele:

Franz und Maria hatten Gütertrennung vereinbart. Franz ist als Alleineigentümer des Hauses eingetragen. Er stirbt.

- Franz hatte ein Kind: Maria und das Kind erben je zur Hälfte.

- Franz hatte zwei Kinder: Maria und jedes Kind erben $1/3$.

- Franz hatte zwei Kinder; eines ist bereits verstorben und hatte selbst drei Kinder: Maria erbt $1/3$, das noch lebende Kind erbt auch $1/3$ und die drei Enkelkinder von Franz erben je $1/9$.

- Franz hatte fünf Kinder, die noch alle leben. Maria erbt nicht weniger als $1/4$, gleichgültig wie viel Kinder Franz hatte. Also erbt Maria $1/4$ und jedes Kind $3/20$.

Sind keine Abkömmlinge vorhanden, gelten die gleichen Regeln wie bei der Gütergemeinschaft.

Die Härteklausel bei der Schenkungsteuer

Wie auf Seite 40 dargelegt, richtet sich die Höhe der Schenkungsteuer in Prozentsätzen nach der Höhe des Wertes der zu versteuernden Schenkung (nach Abzug des Freibetrages). Zur Erinnerung:

Zu versteuernder Betrag	Steuerklasse I	Steuerklasse II	Steuerklasse III
bis zu 52 000 EUR	7 %	12 %	17 %
bis zu 256 000 EUR	11 %	17 %	23 %
bis zu 512 000 EUR	15 %	22 %	29 %

Dabei wird nicht etwa gestaffelt, sondern eine auch nur geringfügige Überschreitung des Grenzwertes fordert den höheren Steuersatz für den Gesamtbetrag. Wenn also jemand in der Steuerklasse II einen Betrag von 52 500 EUR zu versteuern hat, so darf er nicht etwa wie folgt rechnen:

12 % für die ersten   52 000 EUR =   6 240 EUR und

17 % für die restlichen   500 EUR =   85 EUR,

also Gesamtsteuer für   52 500 EUR =   6 325 EUR.

Die Rechnung muss vielmehr lauten: 17 % aus 52 500 EUR = 8 925 EUR.

Im Ergebnis würde dies bedeuten, dass der Mehrbetrag von 500 EUR mit 2 600 EUR besteuert würde. Die Steuer für 52 500 EUR würde im Falle der Staffelung nur 6 325 EUR betragen, die tatsächliche Steuer (ohne Staffelung, als mit 17 %) aber 8 925 EUR.

Eine solche Steuer wäre möglicherweise verfassungswidrig, zumindest aber sehr ungerecht. Deshalb gibt es folgenden Härteausgleich:

Der Mehrbetrag über den vollen Bemessungsbetrag hinaus wird nur mit der Hälfte des Mehrbetrages versteuert.

Wer es genau wissen will

Für unseren Fall ergibt sich dann:

Steuer für 52 000 EUR = 6 240 EUR, dazu die Hälfte des Mehrbetrages (= $^1/_2$ von 500 EUR) somit 250 EUR. Endgültige Steuer beläuft sich also auf 6 490 EUR.

Beispiel:

Steuerklasse III, zu versteuern sind 61 000 EUR. Die Steuer beträgt grundsätzlich 23 % aus 61 000 EUR, somit 14 030 EUR.

Härteausgleich: Steuer für 52 000 EUR = 17 % =	8 840 EUR
Mehrbetrag (61 000 EUR abzüglich 52 000 EUR) = 9 000 EUR, davon $^1/_2$ =	4 500 EUR
somit endgültige Steuer „nur"	13 340 EUR statt 14 030 EUR.

Dass dieser Härteausgleich nur in engen Grenzen einen Vorteil bietet, zeigt das nächste Beispiel.

Beispiel:

Steuerklasse III, zu versteuern sind 80 000 EUR. Die Steuer beträgt grundsätzlich 23 % aus 80 000 EUR, somit 18 400 EUR.

Härteausgleich: Steuer für 52 000 EUR = 17 % =	8 840 EUR
Mehrbetrag (80 000 EUR abzüglich 52 000 EUR) = 28 000 EUR, davon $^1/_2$ =	14 000 EUR
Gesamtsteuer wäre also	22 840 EUR

Damit ist der Härteausgleich gescheitert. Es bleibt bei dem geringeren Betrag von 18 400 EUR.

Der vorgenannte Steuersatz (50 % des Mehrbetrags) gilt nur in den Grenzen der oben ausgedruckten Steuersätze. Bei einem Steuersatz von mehr als 30 % (hier nicht mehr abgedruckt) wäre die Obergrenze bei $^{3}/_{4}$ des Mehrbetrags.

Wie ein Duldungsrecht steuerlich bewertet wird

Zur Erinnerung: Duldungsrechte sind jene Rechte, welche der neue Eigentümer dulden muss, ohne dass er hierfür eine Leistung zu erbringen hat. Die wichtigsten Rechte sind das Nießbrauchsrecht und das Wohnungsrecht.

In mehreren Fällen muss der Wert eines solchen Rechts bewertet werden.

- Der Übergeber hat für sich und/oder seinen Ehegatten z. B. ein Wohnungsrecht vorbehalten. Beachten Sie hierzu die Ausführungen auf Seite 70.

- Der Übergeber hat einem Dritten (z. B. seiner Freundin oder dem Bruder des Übernehmers) ein Wohnungsrecht vorbehalten. Der Wert dieses Rechtes ist jetzt „Belastung" des geschenkten Grundstücks und mindert die Schenkungsteuer.

- Das vorbehaltene und dem Dritten zugewendete Wohnungsrecht ist diesem „geschenkt" und damit schenkungsteuerpflichtig.

Wie wird nun gerechnet?

Zwei Faktoren bestimmen den Wert des Rechts. Einmal der Jahreswert des Rechts und dann das Alter des Berechtigten, da das Wohnungsrecht ja mit dem Tod des Berechtigten erlischt. Natürlich weiß bei der Bestellung des Rechts niemand, wie lange der Berechtigte im konkreten Fall noch leben wird – und es geht auch nicht an, darüber ein ärztliches Attest einzuholen. Deshalb muss man die mutmaßliche Lebensdauer pauschalisieren und hat hierfür an Hand der statistischen Erfahrungen eine Tabelle der Lebenserwartung aufgestellt. Es wird also unterstellt, wer ein bestimmtes Alter erreicht hat, lebt noch eine bestimmte Zahl von Jahren. Genau gesagt, es gibt zwei Tabellen, nämlich getrennte Tabellen für Männer und Frauen, da Frauen im Durchschnitt älter werden als Männer.

Der Jahreswert des Rechts

Bei einem Wohnungsrecht schätzt man die Miete, welche jährlich zu erzielen wäre, wenn die fragliche Wohnung vermietet wäre. Beim Nießbrauch – wenn vermietet – wird die tatsächlich eingezogene Miete zugrunde gelegt.

Beispiel:

Der Schenker Alois Müde hat sich den Nießbrauch am ganzen Haus vorbehalten. Er bewohnt eine Wohnung selbst, zwei Wohnungen sind vermietet. Jede der beiden Wohnungen bringt 500 EUR Miete, die Wohnung des Nießbrauchers wird laut Mietspiegel mit 450 EUR monatlich bewertet. Somit beträgt der Jahreswert des Rechts 500 EUR + 500 EUR + 450 EUR = 1 450 EUR x 12 = 17 400 EUR.

Leider gibt es auch hier noch eine Besonderheit: Der Jahreswert des Rechts darf nicht höher sein als der Grundstückswert (siehe Seite 34 ff.) geteilt durch 18,6. In unserem Fall stimmt der Jahreswert also nur, wenn der Grundstückswert mindestens 323 640 EUR beträgt. Ergäbe sich z. B. ein Grundstückswert von nur 200 000 EUR, könnte der Jahreswert nicht höher sein als (gerundet) 10 752 EUR (= 200 000 EUR geteilt durch 18,6).

Die Lebenserwartung

Hierzu benötigt man jetzt eine Tabelle, welche dem jeweiligen Lebensalter einen Multiplikator zuweist.

Alter des Berech- tigten	Berech- tigter ist ein Mann	Berech- tigte ist eine Frau	Alter des Berech- tigten	Berech- tigter ist ein Mann	Berech- tigte ist eine Frau
45	14,030	15,186	63	9,603	11,197
46	13,828	15,025	64	9,313	10,903
47	13,620	14,858	65	9,019	10,601
48	13,406	14,684	66	8,723	10,292
49	13,187	14,503	67	8,422	9,977
50	12,961	14,316	68	8,120	9,654
51	12,730	14,122	69	7,816	9,325
52	12,494	13,920	70	7,511	8,990
53	12,253	13,711	71	7,206	8,650
54	12,008	13,495	72	6,904	8,307
55	11,759	13,271	73	6,604	7,962
56	11,506	13,040	74	6,310	7,616
57	11,249	12,801	75	6,020	7,271
58	10,987	12,553	76	5,738	6,930
59	10,720	12,298	77	5,464	6,592
60	10,448	12,034	78	5,198	6,261
61	10,171	11,763	79	4,941	5,937
62	9,889	11,484	80	4,693	5,622

Wichtig: Für jüngere oder ältere Personen können Sie die Werte beim Finanzamt erfragen.

Nun kann man also rechnen:

Wert des Duldungsrechts = Jahreswert mal Multiplikator.

Beispiel: _____

Wenn also im obigen Beispiel Alois Müde 72 Jahre alt ist und das Haus einen Steuerwert von 400 000 EUR hat, ergibt sich bei einem Jahreswert des Nießbrauches von 17 400 EUR:

17 400 EUR mal 6,904 = 120 129,60 EUR.

Wäre der Berechtigte eine Frau, also Aloisia Müde, dann käme man auf 17 400 EUR mal 8,307 = 144 541,80 EUR. Ist das Recht zugunsten mehrerer Personen dergestalt bestellt, dass es mit dem Tod des Längstlebenden erlischt, wird die Rechnung für alle Personen vorgenommen und der höchste Betrag eingesetzt.

Ein Beispiel soll erklären, wofür diese Rechnung Verwendung finden kann.

Beispiel: _____

Alois Müde (Witwer, 73 Jahre alt) schenkt sein Haus im Steuerwert von 400 000 EUR seinem Neffen Fridolin. Er hat folgende Wohnungsrechte vorbehalten: Eine Wohnung im monatlichen Mietwert von 300 EUR für sich. In einer zweiten Wohnung erhält seine Haushälterin Martha (49 Jahre alt) für ihre langjährige hingebungsvolle Tätigkeit während seines Witwenstandes ein Wohnungsrecht (monatlicher Mietwert 250 EUR) ebenfalls auf Lebenszeit.

Zunächst muss die Schenkungsteuer für den Neffen berechnet werden. Hierfür gilt:

Steuerwert des Hauses	400 000 EUR
Freibetrag des Neffen, Steuerklasse II	10 300 EUR
Zwischensumme	389 700 EUR

Wert des Wohnungsrechts von Martha wird als Belastung abgezogen (250 EUR x 12 x 14,503 =)	43 509 EUR
erster Steuerwert	346 191 EUR

Zur Berechnung des zweiten Steuerwertes (siehe Seite 93) muss nun auch das Wohnungsrecht des Alois kapitalisiert werden, also

300 EUR x 12 x 6,604 = abgerundet 23 774 EUR. Das ergibt einen zweiten Steuerwert von 346 191 EUR abzüglich 23 774 EUR = abgerundet 322 417 EUR.

Beide Steuerwerte erfordern in der Steuerklasse II eine Steuer von 17 % (siehe Seite 117).

Also: Für 346 191 EUR sind abgerundet 58 852 EUR Steuer zu zahlen.

Für 322 417 EUR sind abgerundet 54 810 EUR Steuer zu zahlen.

Somit zahlt Fridolin sofort 54 810 EUR Schenkungsteuer. Die Differenz von 4 042 EUR wird ihm bis zum Tod des Alois gestundet. Er kann sie aber gegen einen „abgezinsten" wesentlich geringeren Betrag sofort tilgen.

Die kostenlose Überlassung des Wohnungsrechts an Martha ist ebenfalls eine steuerpflichtige Schenkung. Ihr Freibetrag (Steuerklasse III) beträgt nur 5 200 EUR. Der Wert der Schenkung wurde oben mit 43 509 EUR berechnet, was nach Abzug des Freibetrags einen steuerpflichtigen Betrag von 38 309 EUR ergibt. Hieraus schuldet sie 17 % Steuer, also abgerundet 6 512 EUR.

Grundbuch-Begriffe

Der Unterschied zwischen Hypothek und Grundschuld

Viele Leute sind der Auffassung, Hypothek und Grundschuld seien nur verschiedene Namen für ein und dieselbe Sache. Das stimmt aber nicht. Zwischen beiden besteht ein wesentlicher Unterschied. Die Banken wissen das natürlich und verleihen kaum noch Geld gegen eine Hypothek, sondern verlangen eine Grundschuld. Warum?

Hypothek

Eine Hypothek wird immer für eine ganz bestimmte Forderung bestellt, was in den hier in Betracht kommenden Fällen wohl immer ein Darlehen sein wird. Wenn also der neue Eigentümer mit Zustimmung des Übergebers im Rang vor dem Vorbehalt ein Darlehen aufnimmt und dieses durch eine Hypothek sichert, so kann der Übergeber davon ausgehen, dass durch die Tilgung des Darlehens die Hypothek als „Eigentümerrecht" auf den neuen Eigentümer übergeht. Angenommen, der Eigentümer nimmt das Darlehen für die Renovierung des Hauses auf und zahlt es bestimmungsgemäß zurück. Nun kann er sich nicht ohne weiteres auf diese Hypothek neues Geld leihen, um sich beispielsweise ein Auto zu kaufen. Dazu müsste ein neuer Grundbucheintrag erfolgen. Hierzu ist zwar keine Zustimmung des Berechtigten des nachrangigen Vorbehaltes erforderlich, aber der Berechtigte kann dies dadurch verhindern, dass er bei der Bestellung der Hypothek zu seinen Gunsten eine Löschungsvormerkung im Grundbuch eintragen lässt. Diese bewirkt, dass der Eigentümer die Hypothek löschen lassen muss, wenn sie durch die Tilgung des ersten Darlehens auf ihn übergegangen ist. Er kann sie also gegen den Willen des Vorbehaltsberechtigten nicht erneut als Sicherheit verwenden. Ist also die Bank mit einer Hypothek einverstanden und wird eine solche Löschungsvormerkung eingetragen, ist das Risiko des Vorbehaltsberechtigten, durch eine Zwangsversteigerung seinen Vorbehalt zu verlieren, zwar nicht ausgeräumt, aber wesentlich geringer als bei einer Grundschuld. Allerdings wird es für den Übernehmer nicht ganz leicht sein, eine Bank zu finden, welche Geld gegen eine Hypothek verleiht. Fast alle Banken bevorzugen eine Grundschuld!

Grundschuld

Anders als bei der Hypothek muss die Forderung, welche die Grundschuld absichern soll, nicht von Anfang an festgelegt werden. Die Banken vereinbaren meist, dass sämtliche denkbaren Forderungen, die sie gegen den Eigentümer haben, durch die Grundschuld gesichert werden sollen. Der Eigentümer kann also auf den Kredit des Hauses immer wieder neue Schulden machen, solange ihm die Bank Geld gibt. Selbst wenn das Darlehen z. B. für die Renovierung zurückgezahlt wurde, bleibt die Grundschuld im Besitz der Bank und sie kann nach Belieben damit andere Privatschulden oder auch Geschäftsschulden des Eigentümers absichern. Eine solche Grundschuld mit Rang vor dem Vorbehalt wird der Übergeber nie mehr los, wenn er sich nicht zusätzlich absichert. Sie bleibt eine Bedrohung auf Lebenszeit.

Absicherung, wenn eine Grundschuld bestellt wurde

War der Übergeber ausnahmsweise damit einverstanden, dass mit Rang vor seinem Vorbehalt eine Grundschuld bestellt wurde, weil der neue Eigentümer für einen ganz bestimmten Zweck (z. B. für die Renovierung des Hauses oder für die Errichtung eines Anbaus) Geld aufnehmen musste, so geht das Interesse des Vorbehaltsberechtigten dahin, dass diese Grundschuld möglichst bald wieder aus dem Grundbuch verschwindet, weil sie den Bestand seines Vorbehaltes bedroht (siehe Seite 80).

Sicherungsabrede

Der Eigentümer, welcher der Bank eine Grundschuld bestellt, vereinbart mit dieser, zu welchem Zweck die Grundschuld dienen soll, also welche Forderung sie abdecken soll. Dies wird praktisch nie im Einzelfall vereinbart, sondern man nimmt Bezug auf die allgemeinen Geschäftsbedingungen und macht diese zum Inhalt der Grundschuld. Im Klartext heißt dies: Alle Schulden, welche der Eigentümer bereits bei der Bank hat oder künftig dort macht, werden von der Grundschuld gedeckt. Diese Vereinbarung wird im Übrigen nicht im Grundbuch eingetragen, sondern ergibt sich bestenfalls aus der so genannten „Bestellungsurkunde", die in den Akten des Grundbuchamtes liegt. Meist gibt es nur eine schriftliche Vereinbarung zwischen Eigentümer und Bank, die beim Gericht nicht vorliegt und somit dort auch nicht bekannt ist und auch nicht bekannt sein muss. Will der Übergeber dem neuen Eigentümer (Übernehmer) nur eine ganz bestimmte Geldaufnahme mit Rang vor dem Vorbehalt gestatten, muss er Einfluss auf diese Sicherungsabrede nehmen. Die Bank wird über dieses Verlangen nicht froh sein und wahrscheinlich behaupten, das sei nicht möglich. Ihre allgemeinen Geschäftsbedingungen würden dies nicht erlauben. Das ist aber nicht zutreffend! Man kann diese Sicherungsabrede durchaus darauf beschränken, dass die Grundschuld nur das Darlehen in der vereinbarten Höhe einschließlich Zinsen absichert und sonst nichts! Sie sollten in jedem Fall hart bleiben und notfalls die Bank wechseln. Denn: Jede Grundschuld bedroht den Bestand des Vorbehalts.

Rückgewähranspruch

Während die Hypothek kraft Gesetzes auf den Eigentümer übergeht, wenn er das Darlehen zurückgezahlt hat, ist dies bei der Grundschuld nicht der Fall. Auch dann nicht, wenn in der Sicherungsabrede ausdrücklich vereinbart war, dass die Grundschuld nur dieses Darlehen sichern sollte. Vielmehr muss die Bank dann die Grundschuld „herausgeben", sie muss sich also von der Grundschuld durch eine Rechtshandlung trennen. Nichts geht von selbst! Diesen Anspruch des Eigentümers nennt man den Rückgewähranspruch gegen die Bank. Es ist leicht verständlich, dass es dem Vorbehaltsberechtigten wenig nützt, wenn der Eigentümer diesen

Rückgewähranspruch hat. Es wäre doch besser, der Anspruch stünde dem Vorbehaltsberechtigten zu und könnte deshalb – sobald der Eigentümer das Darlehen getilgt hat – von ihm ohne Zustimmung des Eigentümers durchgesetzt werden. Das ist ganz leicht möglich! Bei der Bestellung der Grundschuld mit Rang vor dem Vorbehalt muss der Vorbehaltsberechtigte darauf bestehen, dass ihm dieser Rückgewähranspruch abgetreten wird. Das kann man ohne Probleme und ohne Mehrkosten in der Urkunde vereinbaren. Und nun muss die Bank nach Tilgung des Darlehens die Grundschuld nicht dem Eigentümer „herausgeben", sondern dem Vorbehaltsberechtigten.

Die Durchsetzung des Rückgewähranspruchs
durch den Vorbehaltsberechtigten

Es gibt im Grunde drei Möglichkeiten, wie die Bank die Grundschuld an den Vorbehaltsberechtigten herausgeben kann.

- Die Bank könnte die Grundschuld auf den Vorbehaltsberechtigten übertragen. Das wird allerdings in der Praxis nie gemacht.

- Die Bank könnte den Verzicht auf die Grundschuld im Grundbuch eintragen lassen. Diese Möglichkeit ist bei den Banken sehr beliebt, da für sie leicht zu handhaben. Aber sie nutzt dem Vorbehaltsberechtigten auch dann nichts, wenn ihm der Rückgewähranspruch abgetreten worden ist. Denn durch den Verzicht fällt die Grundschuld kraft Gesetzes in die Hände des Eigentümers, der sie jetzt ohne weiteres anderweitig verwenden und damit den Vorbehaltsberechtigten schädigen könnte. Gerade bei der Grundschuld wird überwiegend auf die Vereinbarung und Absicherung (Vormerkung, §§ 883, 888 BGB) eines Löschungsanspruchs für diesen Fall verzichtet. Deshalb muss der Berechtigte des Vorbehaltes darauf bestehen, dass bereits in der Urkunde diese Möglichkeit der Rückgewähr ausgeschlossen wird.

■ Der Vorbehaltsberechtigte muss darauf bestehen, dass die Bank die Grundschuld löschen lassen muss, wenn der Fall der Rückgewähr eingetreten ist. Damit verschwindet sie aus dem Grundbuch und kann den Vorbehalt nicht mehr in Gefahr bringen. Dies muss bereits bei der Bestellung der Grundschuld in der Bestellungsurkunde vereinbart sein. Und der Eigentümer muss bereits im Voraus seine Zustimmung zur Löschung erteilen.

Praxis-Tipp:

■ Eine Hypothek oder gar eine Grundschuld ist immer eine Gefahr für den Vorbehalt, wenn sie Rang vor diesem im Grundbuch hat. Kommt der Eigentümer mit seinen Verpflichtungen in Rückstand, droht die Zwangsversteigerung des Hauses und damit das Erlöschen des Vorbehalts. Nicht immer wird der Berechtigte des Vorbehalts noch genügend Geld haben oder beschaffen können, um durch Ablösung der Hypothek/Grundschuld die Zwangsversteigerung zu verhindern.

■ Die vorgenannten Ratschläge können dieses Risiko nicht ausschließen, sondern nur mildern. Wenn also eine Grundschuld mit Rang vor dem Vorbehalt bestellt werden soll, dann ist auf Folgendes zu achten:

– Einschränkung der Sicherungsabrede,

– Abtretung des Rückgewähranspruchs und

– Vereinbarung mit der Bank, dass die Rückgewähr (nur) durch Löschung zu erfolgen hat.

Die Löschung eines Grundpfandrechts

Warum „Altrechte" den Vorbehalt gefährden können

Bereits auf Seite 124 wurde erklärt, dass eine Hypothek auf den Eigentümer übergeht, sobald dieser die gesicherte Forderung (also z. B. das Darlehen) bezahlt hat. Wenn also nun die Übertragung des Grundbesitzes erfolgen soll und hierzu ein Grundbuchauszug (so nennt man die Abschrift des Grundbuchblattes) beim Grundbuchamt eingeholt wird, muss man feststellen, dass im Grundbuch noch eine Hypothek eingetragen ist, welche der Übergeber vor Jahrzehnten aufgenommen und im Laufe der Jahre längst getilgt hat. Somit gehört jetzt die Hypothek dem Eigentümer. Da aber im Grundbuch noch der Name der Bank steht, ist das Grundbuch unrichtig.

Eigentlich sollte man jetzt annehmen, dass mit der Übertragung des Eigentums auf den Übernehmer die Hypothek beim alten Eigentümer – der sie ja schließlich abbezahlt hat – verbleibt und nicht dem neuen Eigentümer gehört. Im Grunde ist es auch richtig so. Aber: Wenn in der Urkunde keine besondere Vereinbarung bezüglich dieser Hypothek getroffen worden ist, wird überwiegend angenommen, mit der Übertragung des Eigentums sei auch die Hypothek dem neuen Eigentümer übertragen worden. Dieser könnte sie jetzt „aktivieren" und damit den Vorbehalt in Gefahr bringen. Denn diese alte Hypothek hat in jedem Fall Rang vor dem Vorbehalt, da sie früher im Grundbuch stand. Zugegeben, bei einer Hypothek ist die Gefahr nicht besonders groß, aber immerhin vorhanden. Deshalb muss sie anlässlich der Übertragung des Eigentums gelöscht werden. Das dient übrigens auch der Rechtssicherheit des Übernehmers und ist meist Voraussetzung dafür, dass er das Haus überhaupt noch beleihen kann.

Viel gefährlicher ist eine noch offen stehende Grundschuld. Auch wenn die Forderung, für welche sie damals vor vielen Jahren eingetragen worden ist, längst getilgt wurde, gehört die Grundschuld immer noch der Bank, für welche sie eingetragen ist. Anders als die Hypothek geht sie nicht durch die Tilgung auf den Eigentümer über (siehe Seite 125). Auch diese uralte Grundschuld hat natürlich Rang vor dem Vorbehalt. Der neue Eigentümer kann sie ohne weiteres „aktivieren", wenn die Bank mitspielt, und sich auf den Kredit des Hauses ohne Zustimmung des Vorbehaltsberechtigten Geld leihen. Das ist zwar aus der Sicht der Bank nicht ganz korrekt, kommt aber vor – und der bisherige Eigentümer müsste gegen die Bank prozessieren, um das rückgängig zu machen. Dabei ist der Erfolg recht ungewiss. Auch hier wird vertreten, der Rückgewähranspruch werde zusammen mit dem Eigentum am Grundstück „stillschweigend" mit übertragen. Somit muss die Grundschuld jetzt gelöscht werden, wenn der Übergeber kein Grundpfandrecht mit Rang vor seinem Vorbehalt dulden will.

Wie man Rechte im Grundbuch löscht

Grundpfandrechte

Erfolgt die Löschung eines „Altrechts" zusammen mit der Übertragung des Hauses, wird der Notar im Normalfall alle hierzu erforderlichen Maßnahmen ergreifen, sodass sich weder der Übergeber noch der Übernehmer darum kümmern muss.

Aber auch wenn keine Übertragung des Grundbesitzes erfolgen soll, kann der Eigentümer eines Tages feststellen – z. B. bei einer beabsichtigten Belastung des Grundstücks – dass im Grundbuch noch ein Grundpfandrecht eingetragen ist, das längst bezahlt ist. Dies kommt ganz besonders häufig vor, wenn das Grundstück geerbt wurde und damals bei der Erbschaft nur die Eigentumsumschreibung vorgenommen wurde, während sich niemand um den übrigen Inhalt des Grundbuchblattes gekümmert hat. Und dort steht dann noch die Hypothek, welche die Großmutter im Jahr 1950 aufgenommen hatte! Die soll nun aber gelöscht werden! Eine Übersicht über den Inhalt des Grundbuchs verschafft man sich durch Anforderung eines Grundbuchauszugs. Beachten Sie hierzu die Ausführungen auf Seite 140.

Zunächst muss man wissen, ob es sich um ein Grundpfandrecht (hier gibt es keinen Unterschied zwischen Hypothek und Grundschuld) mit Brief oder ohne Brief handelt. Das kann man wie folgt aus dem Grundbuchauszug herauslesen:

Steht dort z. B. „100 000 DM Einhunderttausend Deutsche Mark, Grundschuld mit … % Jahreszinsen …", dann handelt es sich um eine Grundschuld mit Brief.

Steht dort aber „100 000 DM Einhunderttausend Deutsche Mark, Hypothek ohne Brief mit … % Jahreszinsen …", dann handelt es sich um eine Hypothek ohne Brief.

Also: Wenn es sich um eine brieflose Hypothek oder Grundschuld handelt, muss „ohne Brief" im Grundbuch eingetragen sein. Anderenfalls handelt es sich um ein Briefrecht.

Soll nun das Grundpfandrecht gelöscht werden, benötigt man Folgendes:

- Den Hypothekenbrief oder den Grundschuldbrief, falls es sich um ein Briefrecht handelt.

- Die Zustimmungserklärung zur Löschung (Löschungsbewilligung) vom Gläubiger, der als Berechtigter des Grundpfandrechtes im Grundbuch eingetragen ist.

- Der im Grundbuch eingetragene Eigentümer muss der Löschung ebenfalls zustimmen und außerdem auch noch den Antrag auf Löschung stellen.

Wahrscheinlich „ruht" der Hypotheken- oder Grundschuldbrief noch im Tresor der Bank. Dorthin führt der erste Weg. Es kann aber durchaus sein, dass die Bank damals, nachdem die letzte Rate gezahlt war, den Brief dem damaligen Eigentümer ausgehändigt hatte. Ist der Brief verloren gegangen – weil ihn vielleicht der damalige Eigentümer verbrannt hat, weil die Hypothek ja bezahlt war – dann wird es teuer und mehrere Monate dauern, bis die Löschung erfolgen kann. Denn es muss ein „Aufgebot" stattfinden.

Ist der Brief vorhanden oder handelt es sich um ein briefloses Recht, benötigt man nur eine Löschungsbewilligung des eingetragenen Gläubigers. Die Unterschrift unter dieser Löschungsbewilligung muss öffentlich beglaubigt sein. Das ist kein Problem, wenn der Gläubiger ein amtliches Siegel führen darf, z. B. Behörden oder Körperschaften bzw. Anstalten des öffentlichen Rechts. In Betracht kämen z. B. die kommunalen Sparkassen (Stadtsparkasse, Kreissparkasse), die Landesbanken, die Städte und Gemeinden, aber auch Arbeitgeber des öffentlichen Rechts (für ein Arbeitnehmerdarlehen) wie z. B. der Freistaat Bayern, die AOK, die Innungskrankenkasse oder die Kirchengemeinde, wenn sie Körperschaft des öffentlichen Rechts ist. Diese Stellen wissen fast immer, wie man eine Löschungsbewilligung schreibt, und der Vertreter der Behörde muss neben seine Unterschrift sein Siegel setzen. Das wird vom Grundbuchamt anerkannt. Alle anderen Gläubiger, also alle Privatpesonen oder Privatbanken müssen zur Unterschriftsbeglaubigung zum Notar. Dieser fertigt eine Löschungsbewilligung an und beglaubigt im Anschluss daran die Unterschrift des Gläubigers. Das kostet natürlich Gebühren. In manchen Ländern gibt es besondere gesetzliche Regeln, nach denen auch andere Personen als Notare öffentlich beglaubigen dürfen. Die sind zwar regelmäßig günstiger, wissen aber nicht, wie eine Löschungsbewilligung aussehen muss. Wenn man deren Dienste in Anspruch nehmen will, muss man dies also schon selbst wissen und die vorbereitete Löschungsbewilligung mitbringen. Eine amtliche Beglaubigung z. B. durch die Polizei oder den Pfarrer genügt für eine private Unterschrift nicht.

Schließlich muss auch noch der Eigentümer (bei Miteigentum: alle Eigentümer) seine Zustimmung zur Löschung erklären und auch diese Unterschrift muss öffentlich beglaubigt sein. Es gilt hierfür das Gleiche, was oben für die Unterschrift des Gläubigers gesagt wurde. Somit wird der Eigentümer regelmäßig zu einem Notar gehen müssen, wenn nicht das Landesrecht andere (günstigere) Beglaubigungen vorsieht und der Eigentümer seine Erklärung selbst schreibt. Beachten Sie hierzu das Muster auf Seite 138 f.

Ist dies alles vorhanden, reicht man die Unterlagen beim zuständigen Grundbuchamt ein. Falls dies nicht schon in der Zustimmungserklärung des Eigentümers ausdrücklich steht, muss dieser jetzt noch einen Antrag auf Löschung schreiben, unterschreiben und den Unterlagen beifügen. Diese Unterschrift muss nicht beglaubigt sein. Der Antrag könnte auch beim Grundbuchamt mündlich erklärt werden, das ist aber unüblich.

Das Grundbuchamt löscht dann das Grundpfandrecht und verständigt hiervon den Eigentümer. Selbstverständlich fallen hierfür auch noch Kosten beim Grundbuchamt an.

Soll man ein Grundpfandrecht sofort löschen lassen?

Soll man eine Hypothek oder Grundschuld nicht sofort löschen lassen, wenn sie bezahlt ist, da man sie später bei neuem Geldbedarf nochmals verwenden und damit Kosten sparen kann?

Bei einer Hypothek hat dies kaum einen Sinn, da eine neue Geldaufnahme wiederum eines Grundbucheintrags bedürfte, außerdem nachrangige Grundpfandrechte die Löschung fordern dürfen und ohnehin kaum noch eine Bank gegen eine Hypothek Geld verleiht. Also sollten Sie die Hypothek sofort löschen lassen.

Eine Grundschuld dagegen, die augenblicklich keine Forderung mehr sichert, kann tatsächlich mit nur geringem Risiko zunächst im Grundbuch belassen werden, und man kann sie erneut zur Sicherheit verwenden, um dadurch Kosten zu sparen. Allerdings muss man bedenken, dass es immer schwieriger wird, die Löschungsunterlagen zu besorgen, wenn zwischen Zahlung der letzten Rate und der Löschung viele Jahre vergangen sind. Es ist daher unbedingt erforderlich, folgende Sicherheitsmaßnahmen zu treffen:

- Wenn es eine Brief-Grundschuld ist, muss der Brief dem Eigentümer zur Verwahrung ausgehändigt werden. In keinem Fall darf er in fremden Händen bleiben, auch nicht bei der Bank.

- Der Gläubiger, also meist die Bank, muss dem Eigentümer eine öffentlich beglaubigte Löschungsbewilligung ausstellen. War es eine Grundschuld ohne Brief, genügt diese Löschungsbewilligung. Aber auch sie sollte vorsorglich sofort angefordert werden.

- Beide Unterlagen müssen sicher verwahrt werden (nach Möglichkeit im Tresor). Geht der Brief verloren, wird es richtig teuer, wenn später die Löschung erfolgen soll. Wird er gestohlen, kann Missbrauch damit betrieben werden. Aber auch wenn er vernichtet wurde, muss später ein teures und lange dauerndes Aufgebotsverfahren beim Amtsgericht stattfinden.

- Nach einem Eigentumsübergang durch Erbschaft oder vor einem Verkauf des Grundstücks sollte die Löschung erfolgen.

- Wird die Grundschuld als Sicherheit für einen neuen Kredit benötigt, gibt man der Bank diese Unterlagen wieder zurück.

Duldungsrechte (Nießbrauch, Wohnungsrecht, Altenteil)

Diese Rechte sind im Normalfall auf die Lebenszeit des Berechtigten bestellt und eingetragen. Deshalb gibt es für die Löschung eine Erleichterung. Nach dem Tod des Berechtigten können sie sofort gelöscht werden, wenn

- es unmöglich ist, dass aus dem Recht noch Beträge rückständig sein können oder

- im Grundbuch eingetragen ist, dass zur Löschung der Todesnachweis genügt (§ 23 GBO).

Beim Wohnungsrecht ohne Nebenleistungen können begrifflich keine Rückstände vorhanden sein. Es ist davon auszugehen, dass dieses Recht auch dann sofort gelöscht werden kann, wenn der oben genannte Vermerk nicht eingetragen ist. Sie sollten aber in jedem Fall beim Rechtspfleger des Grundbuchamtes nachfragen.

Beim Nießbrauch und beim Altenteil sind stets Rückstände denkbar. Deshalb kann ein solches Recht nur sofort nach dem Tod des Berechtigten gelöscht werden, wenn der oben genannte Vermerk im Grundbuch steht. Ist dies nicht der Fall, gilt Folgendes:

- Die Löschung erfordert die Zustimmung des Erben des Verstorbenen in öffentlich beglaubigter Form und einen Erbnachweis. Das ist umständlich und teuer.

- Ist die Angelegenheit nicht eilig, kann man sich diese Kosten sparen. Wird der Antrag erst ein Jahr nach dem Tod des Berechtigten gestellt, braucht man die vorgenannten Unterlagen nicht mehr (§ 23 GBO).

Zur Löschung benötigt man dann nur noch eine Sterbeurkunde des Berechtigten. Diese Urkunde muss der Eigentümer des Grundstücks mit einem schriftlichen Antrag an das Grundbuchamt schicken, welches dann die Löschung vornimmt und den Eigentümer hiervon verständigt. Die Unterschrift des Eigentümers muss in diesem Fall nicht beglaubigt werden. Auch diese Löschung kostet eine Gebühr. Beachten Sie hierzu den Muster-Antrag auf Löschung eines Duldungsrechts auf Seite 139.

Mustertexte und Erläuterungen

9

Muster: Zustimmung des Eigentümers zur Löschung eines Grundpfandrechts mit Löschungsantrag

Fritz Eifrig

66667 Hinterhausen, den 20. April 2003
Am Saupferch 88

An das
Amtsgericht – Grundbuchamt

66666 Musterstadt

Anlagen: 1 Grundschuldbrief
Löschungsbewilligung der Rheinischen Sandbank
in Ludwigshafen.

Sehr geehrte Damen und Herren,

ich bin als Eigentümer des Grundstücks Gemeinde Hinterhausen, Blatt 777, Flurstück 999, Wohnhaus mit Stall und Hof, Am Saupferch 88 im Grundbuch eingetragen. An dieser Grundbuchstelle ist unter der laufenden Nr. 1 eine Grundschuld in Höhe von 200 000 EUR zugunsten der Rheinischen Sandbank in Ludwigshafen eingetragen. Diese Grundschuld soll gelöscht werden.

Unter Bezugnahme auf die oben genannten und diesem Antrag beigefügten Unterlagen bewillige und beantrage ich die Löschung der genannten Grundschuld und bitte um Vollzugsnachricht. Die Kosten sollen bei mir erhoben werden.

Mit freundlichen Grüßen

. . . .

Erläuterungen:

- Hier unterschreibt Fritz Eifrig, aber erst bei der Urkundsbehörde oder dem Notar. Die Unterschrift von Fritz Eifrig muss öffentlich beglaubigt werden. Dies kann jeder Notar und außerdem eine amtliche Stelle, welche durch das Landesrecht des jeweiligen Bundeslandes hierzu ermächtigt ist. Auskunft erteilt das Grundbuchamt. Eine amtliche Beglaubigung durch die Polizei, den Pfarrer oder durch einen Rechtsanwalt, der nicht Notar ist, genügt nicht.

- Fritz Eifrig muss bei der Beglaubigungsstelle selbst vorsprechen und seinen Personalausweis mitbringen, wenn er dort nicht bekannt ist.

- Sind mehrere Personen im Grundbuch als Eigentümer eingetragen, müssen alle (!) zur Beglaubigungsstelle gehen und ihre Unterschrift beglaubigen lassen, am besten gleichzeitig.

Muster-Antrag auf Löschung eines Duldungsrechts (Nießbrauch, Wohnungsrecht, Altenteil)

Fritz und Klara Eifrig   66667 Hinterhausen, den 8. Mai 2003
                                                   Am Saupferch 88

An das
Amtsgericht – Grundbuchamt

66666 Musterstadt

Anlage: Sterbeurkunde der Frau Thusnelda Tugendsam,
           gestorben am 30. 4. 2003.

Sehr geehrte Damen und Herren,

wir sind im Grundbuch von Hinterhausen, Blatt 777 als Miteigentümer je zur Hälfte des Grundstücks Flurstück 999, Wohnhaus mit Stall und Hof, Am Saupferch 88 eingetragen.

Zugunsten der Thusnelda Tugendsam, Mutter der Miteigentümerin Klara Eifrig, ist ein Wohnungsrecht im Grundbuch eingetragen. Es ist vermerkt, dass zur Löschung des Rechtes der Todesnachweis genügt. Die Berechtigte ist am 30. 4. 2003 verstorben.

Unter Bezugnahme auf die beigefügte Sterbeurkunde beantragen wir die Löschung des vorgenannten Wohnungsrechtes und bitten um Vollzugsnachricht. Die Kosten sollen bei Fritz Eifrig erhoben werden.

Mit freundlichen Grüßen

. . . .

Hier unterschreiben Fritz und Klara Eifrig. Ihre Unterschrift muss nicht beglaubigt werden.

Muster-Antrag auf Erteilung eines Grundbuchauszugs

Fritz Eifrig   66667 Hinterhausen, 15. Juni 2003
                                              Am Saupferch 88

An das
Amtsgericht – Grundbuchamt

66666 Musterstadt

Sehr geehrte Damen und Herren,

ich bin Eigentümer des Grundstücks Gemeinde Hinterhausen, Blatt 777, Flurstück 999, Wohnhaus mit Stall und Hof, Am Saupferch 88.

Ich bitte um Erteilung und Übersendung eines unbeglaubigten Grundbuchauszugs zu meinen Händen.

Mit freundlichen Grüßen

. . . .

Erläuterungen:

- Regelmäßig reicht ein unbeglaubigter Auszug für die Information aus. Er kostet 10 EUR. Ein beglaubigter Auszug ist teurer (18 EUR) und soll nur angefordert werden, wenn dies unbedingt erforderlich ist.

- Wenn man direkt zum Grundbuchamt geht, kann man manchmal den Auszug gleich mitnehmen. Anderenfalls kann man die Erteilung des Auszugs dort auch mündlich beantragen. Dabei muss die Gebühr sofort bezahlt werden.

Findex